ちくま文庫

亜土のおしゃれ料理

水森亜土

筑摩書房

亜土の
おしゃれ料理

水森亜土

C F G F G
ボンボンボンボボンボボボボボン ドゥー アー ドゥー アー
C F C G
スープにもいろいろ ありまして おあじはもちろん みんなちがいます
スープにもいろいろ ありまして カレーにみそしる これもスープです
C F C G C
オックステールスープ スープアラボンファム パンプキンスープは かぼちゃのスープ
オーバランドムトン スープアラヴェルミチェル コンソメトルチェは すっぽんのスープ
C C
スープをのむときは ひとりぼっちは ダメダメ
スープをのみながら かたりあおうよ いろいろ
G G
たのしいことだけ おもいだし みんなでおはなし するのよ
じんせいてつがく こいのこと ハイネにビゼーも すてきね
C G C
クレームクレシー オークリンペット オニオングラタン キャペリッティ
ゼリードコンソメ トマート ヴィヨン プチィットマルミット チリコンカン
C F C G C
なまえはたくさん あるけれど おいしいスープは こころに のこる
たのしくすごした ひとときの おいしいスープは こころに のこる

ボンボンボンボン
ボボンボボボボン
ドゥーワーく
スープにも いろいろ
ありまして
お味はもちろん
みんなちがいます
オックステール スープ
スープアラ ボンファーム
パンプキンスープは
カボチャのスープ
スープをのむ時は
語り合おうよ いろいろ
楽しいコトお話しまし
みんなでお話するの、

クレーム クレミー
オークルペット
オニオングラタン
キャベッテー
ボーバンドムレン
スープアラスモル
ミエール
コンソメ トルタエは
スッポンのスープ
ゼリード コンソメ
トマトブイヨン
プティット マルミット
チキンカンカン
——.

はじめに

前がき、まくら、前文などなど、
お料理を作るってかんたんだドーって
ことが書いてあります。

〝花の外食産業〟っていわれているのが、手軽にお食事を提供するショーバイです。お弁当屋サン、マクドナルドのハンバーガー屋サン、吉野家サンの牛丼、小銭ずしチェーン、おにぎり屋サン等、など、など。ホントに町は外食しょうばいでいっぱい。ホシテ一方では、女の子たちはもちろん、ママたちも、お料理ずきのはずのオール

ドママたちまでも、お食事の仕度をメンドーがる傾向です。出来たものをかって来て、せいぜい、生野菜をちょいときざんで、マヨネーズやドレッシングで一丁あがり。のこりの時間を、たっぷり楽しみたいということです。とにかく食事の仕度を拒否する人が多くなったことは事実です。

でもこれはちょっぴり疑問なのだ!!! 食事の仕度、つまり料理が、犠牲的な家事労働てな考えをもつのはおかしいです。

昔みたいに、かまどに薪をくべてごはんを炊く、七輪に火をおこして煮たきをするというのでしたら、たしかに大変ですけれど、今みたいに燃料が自由自在に、ラクラクと使える時代に（だって山奥にもプロパンガスがありますからね）、しかも、料理の材料は、街にあふれている。こんな素晴らしい時代に、なにか作ってみようという創造意欲がおきないなんて、大変に非文化的なことだと思いまシュ。

お料理が文化のシンボルってことは、フランス料理、中国料理と両国の文化レベルの高いことで証明ずみです。文化って高くなると、食べることも花ひらくようです。それになんたって、〝創る〟ってことはスラバヤシイ!!!のだドー。ヒトの生き方の中で、なにか創れるってことは、生きる自信のもとになること受けあいです。

あたし、あんまし美人じゃないけれど、ゴハンをたいたら天下一品、みそ汁の味、これまた天下一品、てなぐあいに自信を持つと、堂々と胸をハッて生きられます。ディスコでキャッキャッと青春を発散させ、家へ帰ってインスタントラーメンにお湯かけておしまいっていうのではなく、思い切り身体をうごかした愉しさを、更に、のこったゴハンでおいしいチャーハンを手早く作って、食べることにも色をつける、花をそえるってな生き方が、キャッホー、ヤッホーなのだ。

飲みもの一つにしても、状態に応じて香ばしいほうじ茶をのむってな変化をつければ、水、牛乳、インスタントコーヒー——のくりかえしより、生活にうるおいがでてくる。ムードが生まれます。いろんなホーム雑誌をよんでムード作りのあれこれをおしえられて、外側から作る（インテリヤのABCみたいなもの）よりも、自分でなにか創ってみるという〝ココロ〟の持ち方のほうがずーっと情緒も文化も生まれるのだドー。

料理もおしゃれとおんなじに考えればいいと思う。疲れて帰って来ても、動物がただ満腹感のために餌をたべるみたいに食事を考えないで、一度きりの人生の、きょうの日の一度きりの食事を大切にしようと思ってほしいのです。

きょうは、舌や胃袋チャンをどういうふうに喜ばしてやろうか、なんて考えたり、エッサ、ホッサともりつけて、視覚を愉しませれば、お花をいけるのとおんなじことになっちゃうのだ。

料理のセンセのむずかしい講義なんか気にしないで、気楽にどんどん自分で自己流でやってしまえばいいンです。〝下手な鉄砲も数打てばあたる〟って諺の通り、失敗したっていろいろとためしているうちに、一つの味が出来ちゃうものでゴザルぞー。

料理の敵はメンドーがること。これさえなければ、あなたはすぐにもステキな料理のうまいマドモアゼルチャンです。

一九七八年食欲の秋

水森亜土

もくじ

すてっぷ

じゃんぷ

イラスト

水森亜土

カバー・帯デザイン

L'espace 若山嘉代子

編集

中島佳乃

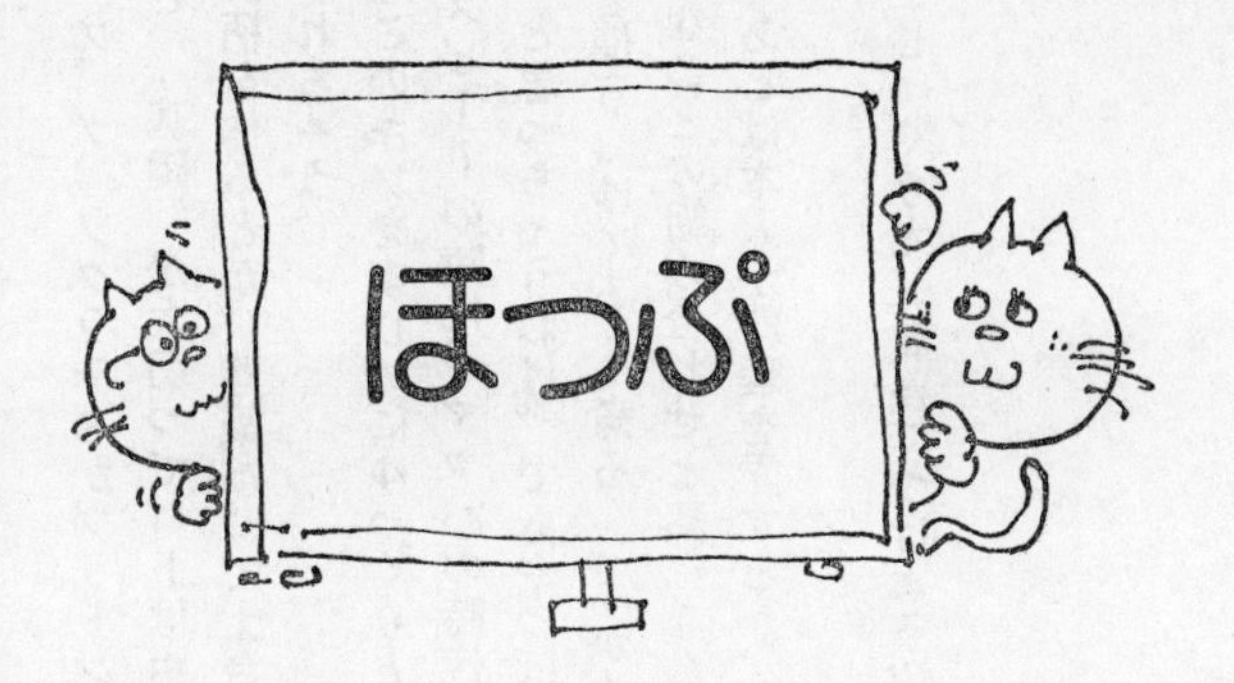
ほっぷ

〝すべてのことはキソで決まる〟と、ソ、ソ、ソクラテスかプラトンかが申しておったドーてなコトはうそだけど、〝基礎〟が大切ってコトはホントのことだ。ヒトだって幼児のしつけが人柄を作るとか。建築だって土台がダメだと、地震の時はまっさきにぶっつぶれちゃう。

昔はのんびりしていたから、みんなこのキソをまじめにゆっくりと身につけてたみたい。が、今はなんたってスピードの時代、マッハの時代で〝キソ〟をじっくりなんてメンドーくさいと思っちゃうわけ。でもやっぱりキソは大切。お料理だって〝生〟と、火を使う〝ゆでる〟〝煮る〟〝ふかす〟〝炒める〟〝揚げる〟〝焼く〟〝いぶす〟てなことの組み合わせと変化なんです。だからこのキソをよく身につければ、あとは本人が料理を愛するか、愛さないかだけです。

うさぎとかめのかめさんになって、じっくりキソをみにつけよう!!!ってコトだ。

ナマの巻

ナマって素朴で新鮮。
そいでいて、ナマナマしいーなんて
スリラー的要素もある。

火を使わずナマで食べちゃうってコトが、一番かんたんだー、一タス一は二みたいにかんたんだアー。

そいだから、この本は一番かんたんな〝生食〟からいっちゃおう。だけど、可愛コチャン、美人チャンのみなちゃまが、血のしたたるナマ……なんてコトになるとドラキュラになっちゃう。ナマったって、そんな野蛮なものじゃあない。美容食のホマレも高いサラダ!!! 伝統的なさしみ、お酢のものってなトコです。

サラダI

サラダぐらい自由な食べものってないナー(ホントはなんだって自由です。こうして食べなくっちゃあいけないなんてルールはこれっぱかしもない。おいしいと思う食べ方すればいいんだから、それこそ十人十色っていう、むずかしい漢字の通り。みんなそれぞれ違うヨーってことを、昔のヒトは四文字で、ピタシと表現したんですよ)。

その中でもサラダは自由の王様。なんだってサラダになっちゃう。お友達がおみやげに持ってきたリンゴ、バナナ、苺、パイン、などなど、なんだって適当に切って、ドレッシングであえる、マヨネーズをかける、かければ、ハイ、サラダ!!!
ホイではサラダは、材料の分類から始めるといたそうではゴザラヌか。

＊フルーツ・サラダ

目の前に浮かぶ、果物の名前をずらりと言ってみると、リンゴ、バナナ、パイン、苺、キューイ、パパイヤ、マンゴー、アボガード、メロン、桃、梨、オレンジ、などナド。

☆フルーツサラダの作り方のコツ

1、冷たくすること（サラダにホットサラダなんてないのだー）
2、切って色のかわるものは、うすい塩水につける（リンゴ、梨）。またはレモン汁をかける（桃など）。
3、レタス、サラダ菜を敷き、色彩を活かしたもりつけをし、早くたべること。フルーツは切ってから時間をおくとパァーです。

4、単独で他の材料と合わせるものを、二、三、あげとく。これはデラックス。グーゼン材料が手に入ったという時作るか、〃ダービーであてちゃった、おごっちゃう〃なんて叫んでいるお友達にゴチソーになるか、そんな時のために……。
アボガードのたね抜きした穴の中に、かにサラダが入っているもの。

メロンに生ハムがのっているもの。

パインとハムを合わせるくらいなら、至近距離であるド。

＊野菜サラダ

サラダの王様、チョコッと、サラダになる野菜の数をあげてみると……。

きうり、トマト、キャベツ、レタス、サラダ菜、パセリ、サニーレタス、クレソン、セロリー、ピーマン、玉ねぎ（赤、白）、人参、大根、白菜、赤かぶ、マッシュルームなどナド。

その他にもまだ新輸入の外国だねもあるみたいだけど、日常、気楽に使うものをあげました。マドモアゼルも考えてみて……。

ほかにゆでて使うものには、じゃが芋、アスパラ、ブロッコリー、カリフラワー、ベビーコーンなんかがあります。

作り方

切り方でわけてみました。

㋑きざんだ場合

材料に、キャベツ、大根、人参、きうり、

トマトは野菜か、果物か？

野菜でシュ。

ナゼナラ、果物だと リンゴが
気を悪くするから‥‥‥ と云ったのに。

新聞では、八百屋さんにあるから
ナニで答えられて ガックリ!!

ピーマン、玉ねぎ、セロリーなどを使うサラダです。

●キャベツサラダ

きざみキャベツのサラダって、あきがこなくて、おいしくて、一年中たべられて、安くて、かんたんで、こんなステキなものはない、アド大好物のサラダです。うさぎになった気持で、きざみキャベツのサラダを、もりもりとたべちゃう、と、キャッホー、ヤッホーと元気になっちゃう。

キャベツだけだっていいけど、そいじゃあ、あんまし淋しいから、きうり、ピーマンも参加（赤玉ねぎとか赤かぶなどあれば、チョコッと色どりに入れてもいい）。

塩をパラパラとふって、全体がしなったら水で洗い、水気を切って、マヨネーズであえる。からし、コショー、塩、調味料で味をととのえた方が、マヨネーズのかけっぱなしより、味がよくなる。酢っぱいのが好きなヒトは、お酢もすこしたらすといい。

きざみ方は好きなように、トンカツ屋さんのキャベツみたいに芸術的なのでもいいし、二日酔いふうに大小さまざまでも。

コツは水気をよくとること。水っぽいとまずいし、それでいて乾燥してたら落第、ていうのがサラダです。

●大根、人参、セロリーのサラダ

千六本にきざんで三色をきれいにもりあわせ、マヨネーズ、ドレッシングをかけてたべる。これ、塩をかけてしんなりさせた方がいいというヒトと、水でさらしてパリパリしてた方がいいというヒトと二派います。パリパリの方がみた目がきれいだし、若向きです。

☆コツ――千六本のきざみ方、これを上手にやると、味もよくなるかんじ。きざみ方と、もりつけがポイント。

このサラダは、キャベツ、きうり、トマトというホントは夏のヤサイだったものが冬でもあるので、値段があがっちゃってる冬のサラダとしてためしてみてネ。

白菜もキャベツの代わりに使っていいンです（でも白菜は、漬けものや中華炒めってなカンジで使いにくいカンジ）。

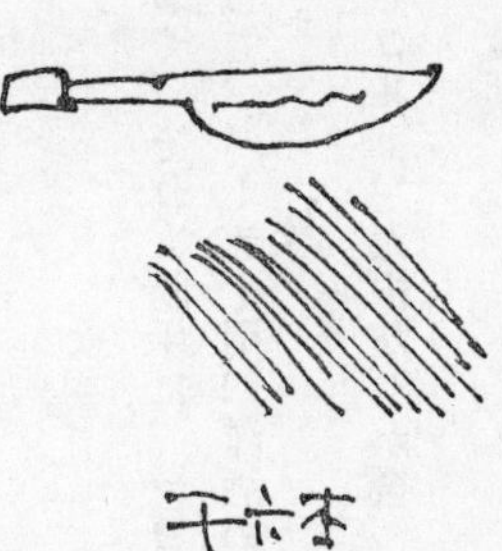

㋺ステッキ状に切った野菜の場合

ステッキ状に切った野菜はコップにさして、テーブルにおく。それも勝手に、マヨネーズ、塩なんかふりかけてポリポリてなコトになるのでして、パーテー用、洋酒のおつまみ用にもってコイです。

棒状に切ればいいンですからかんたん。きうり、人参、セロリー、大根なんか合ってます。チーズも棒状に切って混ぜておけばグー。

☆コツ――棒状に切ったら、うすい、ウスーイ塩水にすこしつけてパリッとさせて下さい。コイ塩水ですと、しんなりしちゃうドー。

㋩スライスの場合

切るのは薄切り、厚切りとあります。トマトちゃんなんか、薄くスライスして、みじんに切った玉ねぎや、パセリをふりかけながら重ねてゆき、最後にドレッシングをかけるという食べ方もあれば、一個を四つ切り、三つ切りなんて厚く切っちゃうのもある。とりたてのトマトは、塩つけて生かじりといってますが、ガブッと、ドラキュラみたいにかみついちゃうのが一番おいしいんだって……。

だから、ハイキングに行って、トマトのとり入れってな情景にぶつかったら、赤い赤いトマトをたくさん買って来て、冷蔵庫でひやして、トマトをかじってビールを飲もおーってなパーテーやったらキャッホー。

トマトの切り方はトマトの顔をじーっとにらんで、おいしそうーとヨダレのでるかんじの時は厚め、マアマアか、悪い予感の時は薄めに切ってごまかしてたべるのがいい方法です。

きうりの切り方もいっぱいある。薄い、厚い、ステッキ、きざみ…… いつも同じではつまらないから、あれこれと気の向くままに切ってみて……。

㈡変わり型の場合

三百六十五日、おんなじではつまんない。人生、挑戦も大切。化学の時間の実験のつもりで、たまには変わり型もやってみて……。

●菊花風サラダ

材料はトマトだけ。

小つぶのトマトで味があまりよくないトマトなんかにぶつかっちゃった時、これにするといいドー。

トマトを、左右に切りはなさないように、そいでいてなるべく深く包丁を入れる。そして上から押さえると、花がひらいたようにひろがる、それにきざみパセリとか、みじん切りの玉ねぎをふりかけ、ドレッシングをよくしみさせて冷たくひやしてたべる。トマトは赤く熟したものの方がおいしいけれど、青くったってかまわない。

☆コツ――冷たいコトがとても大切だからガラスの器ン中に氷のかたまりも入れ、一緒にもりあわせるという〝手〟もある。この時、味がうすくなるから、お口に入れる直前に、もう一度、ドレッシングをかけて下さい。

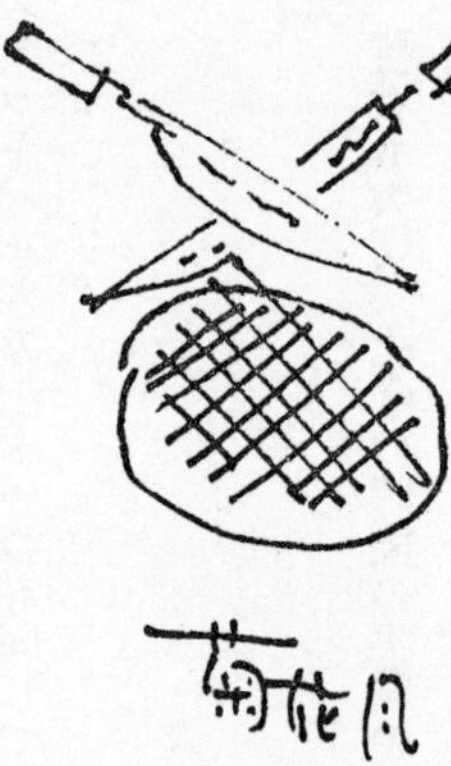

●アコーデオン風サラダ

材料はトマトと玉子。

小型または中型のトマトを切りはなさないように1・5または2ミリぐらいに包丁を入れる。その間にかたゆで玉子の輪切りをはさむだけ。パーテー用にいいと思う。あったらパセリのみじん切りをパラパラとふりかけて、ドレッシングをかけてパクパクして下され。

☆コツ――玉子をうす切りする時、木綿糸で切った方が、黄味がくずれずに切れます。

◇

このほかにもいろんな変わったサラダがあります。

●クレソンサラダ

材料はクレソン（西洋水芹）だけ。クレソ

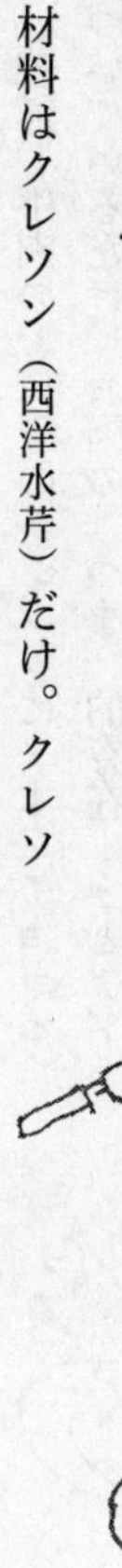

ンは普通、牛肉のお料理のハシッコに一本、チョコっとついているだけ、お肉の〝つま〟的存在……とアドも思っていたンですが、メキシコのレストランで、タマタマたべちゃって、やみついたんです。

よく洗って、一本を二つか三つにちぎって、ドレッシングをかけるだけで、作り方はかんたん、かんたん。日本ではあまりメニューにものってないのでヘンダナと考えたら、メキシコにはうじゃうじゃ生えていて、日本には少ないという、これまたかんたんな理由。

でも大人の味、辛い人生の味？

●マッシュルームサラダ

とび切り新しいマッシュルームが手に入った時、作ってみて下さい。よく洗って、うすくうすく切ってきざみパセリなどふりかけて、ドレッシングでたべる。ステキな香りがスラバヤシイのだ。古いのはゼッタイ、だめ（マッシュルームの新しいのは、ひ

っくり返すとおしりのところがまっしろなのでシュ。ねずみ色や黒い色はダメ。バーゲンで安売りなんていうのはねずみ色か黒いやつなのです)。

でも、これは好き嫌いがはっきり分かれるものだと思うから、〝あたちはどっちかなー〟とツラツラ考えてから実行して下さいまし。作っちゃって、アドのうそつき、なんていわんといて――。

マッシュルームの古いものはゆでて使うとこれウマイのだ。かんづめでもいい。この時は薄くスライスしないで、半分か三つ切りぐらいにする。小粒なら、そのままだっていい。ドレッシングにブランデーもすこし入れ、玉ねぎやパセリのみじん切り、ときにはトマトをサイコロに切ったのなんかも仲間にして冷たくしてたべてしまうのだ!!!

こいで〝ナマ〟の部はジ・エンドといたしまする。サラダは自由といいましたが、サラダっていうより料理は自由なんです。こうじゃなくちゃあいけないのだ――なんてこだわることは一つもない。東京がダメなら名古屋があるさ――みたいに、自分のアタマをフルに使って、〝なになにがない……〟なんてマゴマゴせず、代わりのものをみつけてチョージリを合わせて下しゃい。たとえば、アコーデオンサラダにしたって、玉子がなかったら、ツナ（マグロのフレーク）のかんづめ、とか、ハムとか、あるものをはさめばいいンですから。

ナマももちろんいいのだけれど、
やはり、お料理では火を使うものが
圧倒的なのであります。

〝火〟と〝料理〟についてのコメント

〝火〟を通すってコトは、ゆでる、炒める、煮る、焼く、むす、揚げる、いぶす、てなことです。この方法をあれこれ使って、ああでもない、こうでもない？と世の食いしん坊が考えだしたのがさまざまなお料理で、人間がいる限り、いろンなものが作り出されるわけ。

だから、むずかしいのは、腕自慢にまかせて、コワゴワと、なにか作ってみようかしらンてなマドモアゼルチャンは、一番かんたんなトコをねらえばいいンです。ヘタッピーのくせに、ムリしちゃうと、材料のムダ、時間の浪費、食べさせられる人の大迷惑になっちゃう。

スリラー映画の名人っていわれたヒッチコックの〝フレンジー〟って映画みたヒトいる？　コン中で刑事の奥サンが料理自慢で、凝りにこって、グロテスクなフランス料理を作っちゃう。ダンナサマ、殺人現場で血なまぐさいコワーイのをみて、家にかえると、奥サンの〝オソロシーイ〟料理みせられて死んじゃいそう……ってシーン……おかしかった。半人前の腕自慢でホントにヒトサマにメイワクかけちゃう。

凝ったものは、専門家の作る料理店で食べればいいことで、家の食事は、お料理のイロハのイをきちんと心得さえすればいいのだと思う。ゴハンがちゃんと炊けて、香

ばしいみそ汁ができて、青いものは青くゆでて、ふかすものもポクポク、ホカホカって、きちんとやる。これが意外にむずかしいのネ。〝あーッきょうのゴハン、水が多すぎちゃったー〟なんておかゆさんみたいなゴハン炊いちゃったり、メッコができちゃって半ナマみたいのができちゃったり（でもゴハンはこのごろ電気釜、ガス釜のおかげで、わりかし失敗しなくなったようです）。

お芋ふかすンだって苦労しちゃう。油断すると、すぐベタベタとやわらかすぎてまずい。時間で何分と決めればいいというものではないからむずかしい、てコトはお芋だって、固いタイプ、柔らかいタイプと質がちがう。玉子をゆでるンだって、冷蔵庫ですっかり冷たくなってンのと、そとであったかくなってたのでは時間が違う。

この点を考えて、ガスの前でじっくりと対決して、自分の経験でおぼえちゃうのが、やっぱり一番。最初からうまくゆくなんてコトはムリなンですから、いろいろやってみて、〝ナットク〟と判っちゃうことが、うまくなる方法の第一です。本を片手に、エート、おさじ一ぱいなんてやっていては、なかなか一本立ちできないし、上手にもなれない。

料理は〝創る〟コトなんですから、自分で工夫してみて下されやー。

桐島洋子サンて方が、〃お料理のうまいヒトは頭もいい……〃てなコト書いてましたが、ホントかも。頭いいって、成績の点がいいコトではなく、考えたり、決めたりする能力だと思う。

とすると、お料理を創るには大切なコトなのだー、判る、わかる、ナットクしたドー。

ゆでるの巻

〝いい湯だナー〟なんて
言ってはいられないけど、
お湯と関係ありま〰〰す。

〝火〟を使うったって、水をわかして熱湯にしてゆでるだけですから、これまた、ウルトラかんたん。

かんたんだから失敗するとなおミジメ。菜っぱは青味を失いグチャグチャ。根菜類（ごぼう、にんじん、じゃが芋など地面の中で育つものです）はやわらかすぎてベタベタ。こんなかんたんなことなのに——なんて自信喪失の原因になっちゃう。であるから油断は大敵でゴザルドー。

☆コツ——菜っぱ類は、熱湯の中で手早くゆでること。塩をすこし入れると青味が冴える。さきっぽが柔らかく、根の方が固い菜の時は切りはなして、固い方からゆでる。青味を活かすものは、フタをしてはダメ（枝豆、そら豆なんかも）。〝ぐず〟はきんもつ。とろ火もダメ。サッサッサーとやってネ。

サラダⅡ——ゆでたもので作る場合

●ポテトサラダ

代表的サラダ、巨人軍の王サンみたいに、誰にも好かれるサラダ。じゃが芋の切り方は好き勝手に。急ぐ時は小さい方が早くできる。固さも自由（どういうわけか〝高級〟をうりものにするお店のものは、わりに固く、肉屋サンなんかで売ってるのは、型がくずれるほどやわらかい）。

人参、キャベツ、きうりのきざんだのもすこしまぜた方がおいしい。マヨネーズはからしをきかせた方が好きな人もいます。こういうヒトは余分にからしを入れる。マヨネーズ、からし、塩、コショー、調味料で、ゆでてさましたポテトと、きざんで水気をとった野菜とを合わせてまぜれば出来上がり。

●ゆで玉子&きうりのサラダ

かたゆで玉子のきざんだのに、これまたきざんだきうりをまぜて、マヨネーズであえたもの。平凡だけどグー。サンドイッチにはさむ時なんかサイコー。

●グリーンアスパラやブロッコリーやカリフラワーのサラダ

みんなゆでて使うもの。みどりあざやかにゆでて、好きなものをつけてたべちまえばいい。塩だけだって、キャッホー。きれいで、おいしくって、栄養もたっぷりとるから、もう言うコトないワ、おまけに美容にもグーだって……。

ゆでかたは、かたゆでの方が、それぞれの味がはっきりしておいしい。

モンダイは、わりかし、値段がいいってコト。シュンの時買えば、手ごろです。

●デコレーションカリフラワーサラダ

カリフラワーの変わった食べ方、紹介します。普通は一個のかたまりを小さく分けて使うのですが、これは一つをまるごと使用。パーテー用に作るとオモチロイ。

一個をそのまま、ゆでて、さまします。冷たくなったら、ドレッシングを全体にしみこませておく。このカリフラワーに、つま楊子にさしたいろンなものをさしこめばオーケー。

さすものは、ゆでたうずらの玉子、カクテルウインナー（小さいウインナーソーセー

カリフラ
ワッ!!
トマト
チーズ
きゅうり
うずら
ウインナ

ジのこと。普通のをてきとうに切ったっていいのヨ)、オリーブの実、きうりの乱切り(1センチ長さに斜めに、あっちゃ、こっちゃと切ればいいんです)、果物、チーズ、なんだっていいのです。ドンドンさして下さい。それをレタスか、サラダ菜を敷いた器の上にのっける。ホシテ、さし切れなかったうずらの玉子とか、ウインナーとか、きうりなんかをカリフラワーのまわりに散らしておくと賑やかです。

サラダって、お花を生けるみたいに、各材料の色合いをうまく配置すると、ケンランゴーカってかんじ。

●豆のサラダ

枝豆、グリンピース、そら豆、したし大豆などなど、グリン系のお豆サンなら、なんでもいいです。

お酒のおつまみに買った枝豆がいっぱい残っちゃった、なんていう時、さやから出して、玉ねぎのみじん切りを少々ふりかけ、きうりやトマトと合わせてサラダにすると、思いがけなくいいセンいってる。

そら豆なんか、単独でドレッシングあえしたものなど、キャッホー、ヤッホー(そら豆が高いのが玉にキズ）。

グリンピースをちょっと柔らかめにゆでてマヨネーズであえるのもヨカヨカです。豆のサラダの時、きざみ玉ねぎやら、きざみパセリをパラつかせると味が引き立ちます。

乾燥ものの場合

ゆでる相手が野菜じゃなくって乾物の場合……と言えば、マカロニ、スパゲッティー、春雨などピンときちゃうでござろうゾ。

●マカロニサラダ

ポテトサラダ同様、おなじみさんですが、子供も女のヒトも好きネ。男のヒトはマカロニサラダの方はあんまり好きじゃないらしい。

作り方はポテトとおんなじ。袋に指定してある通りゆでて、洗って、水を切って、きうりや、キャベツなんかとミックスして、マヨネーズであえる。チーズを入れるってなのもありますが、好きずきです。マカロニの代わりにスパゲッティー、時には乾メン使ったっていい。マヨネーズの中にトマトケチャップをすこしまぜて使うとピンク色でキレイ、マカロニ類には似合います。ケチャップの入れ方は、すこしずつ入れて、好きな味の時、ストップすればいいでしょう。マヨネーズとケチャップって思いがけず相性がいいんです。

●春雨サラダ

淀長サンばりに、おいしいですネ、いいですネ、うまいですネとたたみこんでいいたくなるサラダ。アドの好物です。

春雨はゼッタイ、中国産のものがいい。これぱっかしは、日本産はお手あげ、パァーです。さっとゆでて水洗いし、水気を切って、てきとうな長さに切っておく。

春雨のお相手は、きうり、錦糸玉子、ハムの千切り、かになど、あなたのお財布と相談の上、決めて下さい。材料をミックスしないで、春雨ときうり、みじんの玉ねぎ少々を合わせて器の中のレタスの上にのせ、上からハムや、錦糸玉子やかになどを冷やし中華のもりつけみたいにのせてもいいのです。

味はドレッシング、マヨネーズ、中華風ドレッシングなど、好きな味にして下さい。錦糸玉子って、塩をごく少々入れたとき玉子を、フライパンで薄く焼いて千切りにしたもの。下手をするとこがして黒いのもできちゃうけれど、弱火でていねいに焼くと黄色くとても美しい。

ドレッシング類は、このごろいろんなものが売ってますから、買ってもいいし、自分で作ってもいい。〝勝手にしやがれ〟であります。

チョット説明すると、

♧ドレッシング――酢、サラダ油、塩、コショー、セロリーなどのスパイスを入れてもいい。

♧マヨネーズ――酢、サラダ油、玉子の黄身、塩、コショー。

♧中華風ドレッシング――酢、サラダ油、ごま油、塩、コショー、しょうゆ。

てなところが中心で、あとはヒトによって、砂糖をチョコっと入れたり、ブランデーたらしたり、ブドー酒をそそいだり、いろんなスパイスをためしてみたりするんですが、それは全く、メイメイの勝手。

マヨネーズであえたのに、ケチャップを添えるってなやり方、トマトケチャップをまぜるのは、アメリカ風らしいです。

●わかめのサラダ

乾物をあげたついでに、ゆでなくて水にしたして、もどすだけでいい〝わかめ〟を申しあげちゃおう。

てきとうに切って、きうりと合わせてドレッシングをかけるだけで、ステキ!!!

カルシュウムはいっぱいだし、さわやかだし、夏バテぎみのシーズンにはサイコー。

ナマとゆでるの先祖代々の巻

洋食も中華もいいけれど、
ご先祖サマが残してくれた
日本料理も
ちょこっとはつくれなきゃ。

日本料理というとすこしオーバーだけど、お酢、お酒、みりん、塩、砂糖、しょうゆで味つけしたもののことなのだ!!!

ナマ篇（お酢のもの）

●きうりもみと大根なます

酢のものの代表、酢のもの首領(ドン)なのだー。

きうりもみには生姜の細くきざんだの（針生姜といいます）や青しその葉を入れると味が一段とさえるし、大根なますは、人参、れんこん、セロリー、昆布などきざみこみますと、またおいしい。

普通は大根と人参です。白ごまのいって香ばしいのを出来上がりにパラパラとふると、おいしさグングン。かぶを薄く切ったのはつるつるとなめらかでグー。

すべてきざんだものは塩をし、しなわせて塩気をとってお酢に入れる。

お酢加減もすきずきで、男性は酢のつよい方が好きなようです。お酢、みりん、塩、砂糖（甘いのが好きなヒトは）、調味料というあんばいです。

三杯酢というのは、これにおしょうゆを加えます。みりんのない時は、いりません。お酒でもいいのです。みりんを使わない時は、砂糖を使って下さい。

中華酢はこれにごま油をたらして下さい。基本はこれだけです。あとは好みに従って、中華の時にはコショーも入れよう、なんて味加減を工夫してもいいのです。

わかりやすいように表にします。

♧二杯酢――酢、塩、砂糖、調味料、みりんまたは酒（あればでいいですヨ）。

♧三杯酢――二杯酢プラスしょうゆ。

♧中華酢――三杯酢プラスごま油。

酢のものになる材料には、わかめ、こんにゃく（さしみこんにゃくはナマのままでいいけれど、普通のは一度ゆでた方がいいです）、もやし（安くていい、中華むき）、うど（切って水にさらすこと）、大和芋または山芋（すりっぱなしのものに三杯酢をかける。細く切った海苔など上にのせますと、また、またいかす）などがあります。

山芋には、すると色が茶にかわっちまうというワルイ奴がいます。これは感じがわるいから、ちょっとすってみて、色がかわるようなら、1センチ幅、3センチぐらいの長さにうすく切って三杯酢につけこんでしまうとオーケーです。

大和芋、山芋の食べ方をついでに語っちゃうけど、魚屋でマグロのぶつ切り（おさしみみたいにきれいには切れないところだから安いです、きれっぱしなのです）があったら、それを買い、わさびをのせ、おしょうゆをかけ、その上から、すったのをのせるのがいわゆる、山かけという人気のある一品。上に海苔もかけて下さい。

（ホイカラ、とろろ汁というのは、だし汁を作って、それで大和芋または山芋のすったのに入れてゴロゴロとすり合わせてゆくものなのです）

●みょうがごはん

酢のものに入れてもおいしいけれど、これはきざんで、おかかをいっぱいかけて、おしょうゆでまぜ、アツアツのごはんにのせて食べる。

暑い食欲のない夏でも、二杯、三杯とごはんがたべられそう――、ふとるからイヤッなんていわずに一度ぜひためして下さい。

ゆでる篇

●オクラ

軽くゆでる、というよりお湯に通すといった方がいいくらい。ただし、大きくて固くなったのは、やはりちょっとはゆでる。これをきざんでおかかをかけてかきまわすと、なっとうみたいに粘りが出ておいしい（おしょうゆも入れます）。

●おしたし

おしたしといわれる料理はみんなゆでるわけです。

ほうれん草、小松菜、春菊、つまみ菜、おしたしはゆで方がいのちです。ゆですぎたらパーですよ。ことに三つ葉（根三つ葉）、芹など、さっとお湯をくぐるかんじ（根三つ葉は、すこし固いから、根の白いところを先にお湯に入れるといいですよ）でいいのです。

私は芹のおしたしが大好物。ことに野ぜりは香りがよくって最高。春になると野ぜりの生えているあたりに住んでいる方がつんで来て下さる。ところが毎年、芹の生えている所がつぶされてなくなっちまう。心配だ!!!

●キャベツのからしあえ

ゆでたキャベツを、おしょうゆと、ときからし（お酒があれば少々）であえるとなかなかいけます。からしの加減はから好きは多めにする。からしあえは、菜の花もいいですね。

●ごまよごし

すりごま、おしょうゆ、砂糖、調味料（お酒またはみりんがあったらすこし）をすり合わせた所へ、ゆでたなっぱなど入れる訳です。ごまがどろどろって感じになる範囲で、おしょうゆやみりんを入れるのです。いれすぎて水っぽいかんじはダメ。注意しておしょうゆつぎでチョビチョビと入れれば失敗しないゾー。

●春雨、白たき

春雨は中華酢がよく似合う。春雨のかわりに白たきチャンもいいです。アドは春雨も白たきも両方とも大好き。白たきはもちろんゆでて下さい。白たきの場合、あげをきざんで（焼くか、うす味で煮たものを）まぜてもいいです。春雨はデラックス版の時、きうり、かにと合わせてお使い下さい。

ナマとゆでるのファッショナブルの巻

はやい話がチョット気取ったヤツ。
おもてなしをしてあげたいお客様には
こんなメニューはいかが？

恋人を招待しちゃったとか、いいトコみせたいっていうお客様がいらしたとか、またはバースデー、そんな時、上等っポイレストランや、ホテルで食事すれば、ドドドーとお勘定とられちまう。それを考えれば、材料費がすこし高くても、ヘイキ、平気。それにボーナスが出たんだ!!!てなときのぜいたくなサラダ料理です。

まずどんな種類があるか、名前をあげてみますと、かにサラダ、えびサラダ、平貝サラダ、あわびサラダ、ポークサラダ、サーモンサラダなどなど。

●かにサラダ

たらばがにのあんよを一本、または二本かって来て、殻から出して、レタスや、きうりに添えちゃう〝手〟と、かにカン一個あけちゃう方法と、どちらでも好きなように。あんまりいい肉の入ってなかったかにカンの時は、ほぐして野菜とまぜちゃう。または春雨とまぜちゃうといいけど、バッチリした肉の時は、いいトコだドーとみせびらかせばいい。

●えびサラダ

小えびはゆでて皮をとって、野菜の上にかざるように並べるとか、小えびとマッシュルームだけにして、いかにも高級そーって顔してもいい。

車えび、大正えびなど大きいのを使う時は、えびのおなかに竹ぐしをさしといてまがんないようにし、塩、コショーをかけ、お皿に入れ、お酒をかけてむす。赤くキレイになったら、お皿からとって冷やし、竹ぐしを抜いて別のお皿にキレイに並べる。たべる時は、好みのマヨネーズをつけるという次第でござる。

●平貝サラダ

さしみにしてもいいもの、つまり生食よしという貝であること。ヘンなのたべたら、おなかこわしちまうヨー。

平貝一個を、四、五枚にスライスして、レモンのうす切りと合わせ、パセリのみじん切りパラパラ、クレソン添えたり、紫キャベツのドレッシングサラダを添えたりしてもりつける。このサラダはフレンチドレッシングが合います。冬場のサラダです。

おひな様なんかにもピッタシ。

●あわびサラダ

むしあわびをうすく切ってドレッシングでたべるのです。あわびって、とっても高いから、グウゼン、だれかにいただいちゃったとか、あわびの安い産地に行って（このごろ産地も高いと思うけど）手に入れたとか、そういう偶然のチャンスにどうぞ。

あわびの代わりにとこぶしを使うと、ずーっと値段は安くなりますから、〃わたしだって作れまーす〃。味だって似たりよったり、ただ小さいだけ。とこぶしに、酒をかけてむしてうす切りにして、きうりも、貝に似た大きさのうす切りにして、ドレッシングでたべると、グー。ハムがあったら、二、三枚まぜますと色どりがキレイで、キャッホーであります。とこぶしで一度ためして下さんせ。

●ポークサラダ

プレスリーさんの歌ン中にポークサラダっていうのがありましたっけ。ふとめの彼氏、汗だらだら、洋服ギンギラギン、そいでセクシーな声でうたっていました。プレスリー・オン・ステージで。

あのポークサラダはどんなのか知りませんが、アドのポークサラダは、豚のモモ肉をかたまりで買って来て（最低二百グラムはほしい）、それをねぎ、生姜を入れた水の中でゆでるのです。あまったお酒があったら、少々入れてみると、ステキ。おはしをさして、すーっと通りましたら出来上がり。お湯からあげて、冷やしておく。さめたら、うすくスライスして、レタスにつつんで召し上がれ。サラダ菜でもいい。ときからしをつけてはさむ。マヨネーズつけたり、ドレッシングふったり、塩かけたりは、みなさんのお好み次第ってコト。

●サーモンサラダ

サーモンピンクの色がミリキ的なソフトサーモン。これはスライスしてパックになっているのもあれば、皮つきのまま、適当な大きさで売っているのもある。うすく切って、レタスの上にのせ、玉ねぎも、ウルトラうすく切って、サーモンの上にのせ、本格的のときはケッパーっていうの、のせてオーケー。でもケッパーは一びん安くても三百円くらいしちゃうからやめた方がいい。なくたっておいしいですから。

もう一つのたべ方は、サーモンをわりかし、ころころと切って、玉ねぎ、きうり、ケッパーなんかとまぜてドレッシングあえにしたものです。

うす切りをレタスの上にのっけてある方がみた目がきれい。

サラダは盛りつけに工夫をこらし、色彩感覚をフルに活かすと、味よりも、ムードでいかれちまうっていうコトがあるのだ。

レストランなんかで、どうってことのない、平凡なかにサラダの入った器を、こまかくくだいた氷のいっぱい入った大きめの、足の高いガラス器の中に入れて持ってくる。氷に淡いグリンの色がついていたり、ドラマチックな出し方。思わず、かにサラダの下の氷までたべちまうのかしら、なんて迷ったりして……。

いろいろと演出してみて。

炒めるの巻

ジイ、ジイー、ジャーと
これもかんたん。
キャッホー、ヤッホーとできちゃう。

炒めるコツは、強火で手早くやること。

おなべは大きい方がいいです。小さいなべでグツグツとやっていたのでは、サイコーの材料だって死んじまう。パッパッとやって下さい。

おなべに流すオイルは、サラダ油がくせがなくて一番いいドー。バターをすこし入れてもいい。もちろん天プラ油だってかまいません。あんまりケチってチョッピリでは、野菜がかわいそう。

炒めるものがいろいろある時は、固いものから入れるのは常識。くれぐれも炒めすぎないように。火をけすチョット前に、塩、コショー、調味料で味をととのえる（ブランデーをたらしたり、粉チーズをかけたり、という手もあります）。玉ねぎをよく炒めてカレー粉を入れるカレー炒めは、パン、ライスどちらでもよく合いますよ。

肉類を合わせる時、肉の方をさきに炒めるのも常識です。

野菜篇

キャベツ、白菜、ピーマン、カリフラワー、さやえんどう、さやいんげん、なす、きうり、玉ねぎ、じゃが芋、ししとう、めキャベツ、もやし、ニラ、なんでも炒められるのであります。

キャベツは野菜炒めの代表でしょうね。キャベツとベーコン、キャベツとコンビーフ、キャベツとひき肉、どれも似合います。

●なすピーマンみそ炒め

これは夏の代表的おそうざい料理。ごはんによく合います。なす、ピーマンをてきとうに切って、味つけにみそ、砂糖を入れるのです。みそと油とはよく合うし、みその焼ける香ばしい匂いも食欲をそそります。もちろんビールのおかずにもいいです。

●ぜいたく野菜炒め

これはお客様の時にいかが？

マッシュルーム、椎たけ、しめじ、えのきだけなどきのこを主にして、それにボイルしたたけのこのうす切りとかヤングコーンを二つ切りにしたのとか、おひまな時はぎんなんやうずら玉子のゆでたのなんかも入れる。青味はグリンピースでもさやえんどうでもいいです。

給料日前のオサイフからからの時は、もやし炒めでがまんし、お金持の時はぜいたく炒めもたまには作る。あなたのふところとオツム次第です。

●コーン炒め

かんづめの粒状のコーンを炒める、これおいしい。グリーンアスパラの出まわっている時なら、これを3センチくらいに切ってまぜると更にいい味。コーン炒めにバター味をきかせ、最後にすこしおしょうゆをたらすと格別です。

肉類を合わせるならベーコンが一番合います。

●グリーンアスパラ炒め

これもぜいたく炒めの方ね。

バター炒めはきれいだし、おいしいし（バターきらいな人はサラダオイルでいいのです）。

炒めすぎない事が大切。すぐ炒まりますから油断しないで下さい。

●じゃが芋炒め

パンに実によく合います。おじゃがを2ミリくらいにうす切りにして油を普通の炒めものより余分に入れた中に入れる。水気をよく切らないとモーレツにはねますよ。こんがりときつね色に炒め、塩、コショーで味つけしたら、パセリのみじん切りをかける。粉チーズかけてもいいし、パセリのない時は、ピーマンのみじん切り、また玉ねぎのみじん切りでもいい。にんにくの好きな方は炒めるとき、にんにくのうす切りと一緒に炒めるとぐっと濃厚な味になるってもんです。ビールのおつまみにもいいですね。

肉・玉子篇

豚チャンの巻からはじめましょう。

豚肉はうすくスライスしたものをオイルで炒める。ホントにかんたん。しあがりに、ごま油を入れるとか、オイスターソース（かき油）を入れると味が濃厚。おしょうゆを入れれば和食向き、塩、コショーをしてあとからソースというのは洋食のはしくれだドー。

豚肉の種類はいろいろありますが野菜をたくさんにして肉の味だけちょっといただくという時は三枚肉、バラ肉といわれている脂と肉のしましまになっているお安いトコがいいです。味のいいとこなのですよ。

豚肉を専門にたべるならロースか肩ロース（こっちの方が安い）。脂のきらいな人はもも肉、これは赤いとこばっかしよ。

炒める時、にんにく嫌いでないヒトはすこしきざんでいれる。生姜でもいいです。

牛肉は、上等なところの時は、すこし厚めに大きく炒めればいいし、安いところはうすくちぢまっても仕方ありません。牛はバター、しょうゆの味がよく合います。出来上がってからバターをすこしのせ、おしょうゆをかけるといい（これはうすめのステーキみたいな時してみて下さい）。味つけは豚と同じ要領でどうぞ。火かげんは中火の強くらいがいいでしょう。

豚や牛の赤いところを千切りにして、野菜の千切り（ピーマン、おじゃがなど）と合わせるお料理はたべやすいです。お年寄や子供さんに向くと思います。

最後は玉子さんです。

外国の映画見たり、小説読んでいると、いり玉子と訳されているお料理は、フライパンにバターをとかし、そこに五、六個のよくといた玉子をさっと入れ、しゃもじでかきまわしてハイ、出来上がりというものです。玉子の炒めものですね。とてもおいしそうだし（事実、おいしい）、もうかんたん、かんたん。目をつぶっていても出来ちゃう。

玉子五つとしても百円くらいでできちゃう訳で、そう高くつかないし、しかもチョビット、ごうせいな感じがするから面白いワネ。塩、コショー、粉チーズ、調味料で味をつける。チーズはなくてもいいンですヨ。

この玉子炒めと、えびとか、かにとか、肉とか、ぜいたくな野菜（グリーンアスパラやきのこの類）を合わせると豪華なお料理になっちゃって、十分くらいでできちゃうドー。

この時、玉子は最後に入れること。きれいに仕上げたかったら、フライパン二つ使って別々に炒めて、最後にミックスすること。

魚篇

魚は貝類か、えび、かにでしょう。炒めものに使う場合は冷凍ものが安くていいですヨ。冷凍庫のついてる冷蔵庫のある方は、ひまな時、デパートの食品部で、おいしそうな冷凍の平貝とか、帆立貝とか、いかとか、えびとか買っておいて使うのです。貝やいかはてきとうにスライスすること。いかはななめにたてよこに切りきずを入れておくとまるまりません。

味つけはほかのものと同じ。時々によって好きな味にして下さい。

揚げるの巻

安いものでも栄養価を高くしちゃう
気立てのいいヤツ!!!
油の始末もサッサッサー。

揚げものは油がハネて台所がよごれる、それを嫌って揚げものをしないというヒトもいるとか。でも〝揚げもの〟もかんたんで、栄養があって、ごちそうっぽくて、とてもいいもんです。台所が油でよごれたって、まずテッシュでふいて（亜土ンちでは台所にテッシュの箱をいつもおいてます）、それからふきんなり、雑巾でふけばすぐきれいになりますヨ（料理のあとすぐやれば簡単にきれいになります。でも少しなまけてほうっておくとダメ）。かたづけるのをいやがったり、よごれるのをさけたりっていうのじゃあ、料理人失格です。

〝食べる〟ことは人間にとって生きていくための一つの本能でもあるンですから、〝食べることが好き〟とか〝作って食べさせるの好き〟って人のまわりはどうしたって人が集まる。〝孤独〟なんてふっとんじゃう。〝孤独〟ってとっても恐ろしいものです。若さのいっとき、孤独になりたいなんて夢見心地でのたまわっているのはロマンチックでいいけれど、本当の孤独地獄におちこんだら、へたすると狂人になっちまうドー。

地方から一人で都会に出て来ているヒトなど、〝食べること〟を目玉にしたパーティー、たとえば、ドンドン焼きパーテーとか、お座敷天プラパーテーとか名づけて、職場のお友達をよんでさわげば、都会の孤独とか、アスファルトジャングルとか、砂漠みたいな都会なんて言葉は消えちまいます。

これは悪い例ですが、日本の政治屋サンが待合(まちあい)というところで、お酒をのみのみ、いろンな相談をしますでしょ、あれ、やっぱりのんだり、食べたりする方がファミリーになるっていう我らの国民性から出たものとか。みなさんも、是非、パーテーをなさいな。せまいお部屋だって三、四人は詰められるでしょ。そして人生をいろンな角度から愉しんで下さい。

揚げものからチョビッと話がそれましたが、持っているといい道具をご紹介します。

天プラ鍋

天プラ鍋は深いのがいいです。中華鍋でもいい。フライパンなら大きくて深さのあるもの。なぜって油がこぼれたり、火が入ったりすると危険ですから。とにかく底の浅いのはさけて下さい。お座敷天プラをしようなんていう場合、とくに深鍋の方がいいです。油を六分くらい入れて揚げれば、油のハネも少ないですから。油をいっぱい入れてはいけませんヨ。半分から六分くらいが安全です。

油こし器

使った油は油こし器にうつして、つぎの天プラの時、新しいのとまぜて使います。ただし、たくさん揚げて茶色っぽくなったり、ドロリとしたらすてちまうこと。油の悪いのは、どんなに材料がよくても味がわるくなります。

えびやいか、魚のからあげは油がきたなくなる。だから揚げたらすてちまうつもりで油を鍋に入れて下さい。

油こし器は目の荒いこしアミと、目の細かいこしアミの両方ついているものが便利です。アミは手マメに洗剤で洗っておくこと。洗い終わったらテッシュでふいてやりましょう。

使いやすい天プラ鍋と油こし器をそろえておくと気軽に、揚げものにトライできます。

次に揚げものにかかせない油と、ころものお話をしましょう。

油にはごま油、コーン油、かやの実油、綿実油などいろいろと種類はあるのですが、市販されている天プラ油とかサラダ油を使用すればいいと思います。

ころもはメリケン粉、水、玉子で作ります。ごてごてとこねまわしてたっぷりつけてというのはみた目もまずそうだし、ころものつけ方がホントはむずかしいのヨ。

無責任な言い方だけれど、自分でためしてコツをおぼえることです。天プラ屋さんに行った時、揚げるのをじーっとみてコツをぬすんでくるといいですよ。

昔から野菜のころもはこねてもいいけれど、魚のころもはこねてはいけないと言われています。夏など氷をころもの中に入れて冷しながら揚げると、きれいに揚がるようです。

天プラ粉っていうのこのごろ売ってます。これか薄力粉がいい。強力粉はねばっちゃうのです。でもこれしかない時、すこし片栗粉入れるといいわヨ。

さて**揚げ方**ですが、油の温度は煙がでるほど、高くてもダメ。といって材料を入れてもジンともスウーともいわず、底に深く静かによこたわるなんてのもサイテイ。揚げる前にころもをたらしてパッと揚げ玉になる、または塩をちょっと落としてパチパチと景気のいい音が出る。これならオーケーです。

材料が浮かんで来たらひっくりかえして下さい。浮かんで来て両面いい色でしたら大体揚がってます。ただしあまり早く出しちまうとすぐペシャリとなります。

材料を入れすぎてもカラリと揚がりません。お芋はちょっと時間がかかります。

かきあげの時、材料を入れて浮かんでくる直前に箸(はし)でつつくとごてごてっとメリケン粉（ころも）がかたまらないで開いて揚がって、みた目も、味もケッコーてことになる。

悪い油を使うと揚げものがまずくなるというのはさっきもいったとおりですが、悪い油をどこに捨てるかということも難しい問題です。牛乳パックにいらない新聞紙など入れて、それに滲みこませ、封をして捨てるといいでしょう。ホイジャ、さっそく揚げてみようではゴザラヌか。

揚げものいろいろ

●野菜の天プラ

ゴボー、人参、さつま芋、れんこん、玉ねぎ、かぼちゃ、なす、ししとう、ピーマン、いんげんなんていうのは代表的なもの、昔っからのおなじみさんです。野菜の揚げたのは精進あげっていいます。アドは魚より、えびなんかより、よっぽど好きです。

おなじ材料でも切り方をかえると新鮮です。どうぞいろいろ考え、工夫して下さい。よそでいただいた時、いいのがあったら、そのやり方もいただいちまって下さい。料理学校にゆかなくったって、先生はいたる所にいるのだドー。たとえば、このごろデパートで有名店の料理ならべてるコーナーあるでしょ。あすこへ行ってじーっとみつめてくるンです。なるほど、こんな風なのステキ、いただき!!!てなぐあい。高いから買うことはないですよ（実はあたちはよく、のぞいては盗作をするのだ——）。

野菜の中にもちょこっと変わった材料があります。山うど、セロリー、アスパラ、たらの芽、グリーンアスパラ、とうもろこしなどです。

みんな、みんな、とってもおいしい。アスパラはころもをつけて、手で、くっつきすぎたころもを軽くしぼって油に入れるとゴテゴテしません。とうもろこしの場合、かんづめが甘くておいしい。これはころもにいれる玉子をほかのものよりは余計にした方が黄色くきれいに揚がる。浮いてくるとき箸でつついてひろげることを忘れませんように。

山うどや、セロリーはてきとうな大きさに切って揚げること。

かきあげはあなたの工夫のしどころです。なにとなにを合わせたらおいしいか、いろいろとためして下さい。

●魚類の天プラ

えび、いか、きすなどが代表的。でも原則として魚を揚げる時は、天プラ屋さんで食べた方がいい。家で揚げるのは野菜オンリーでいい、とあたしは思ってます。いかを揚げる時のことだけコツをおしえましょう。いかってすごくはねるンですヨ。水気がなかなかきれないのね。そこでころもをつける前に、メリケン粉をまぶすのです。まぶしたいかを、ころもに入れて揚げれば、パチパチと〝ねずみ花火〟みたいにはねまわりません。もう一つ注意。天プラの魚は新鮮でないとまずい。

 ◇

揚げものの中には、天プラのほかにパン粉をつけて揚げるもの（フライ）があります。これは洋食といわれるものの仲間。材料に塩、コショーしてメリケン粉をまぶし、とき玉子の中に入ってもらって全体をぬらし、パン粉をつけて最後の仕上げをするのです。

このパン粉は生パン粉といってからからに乾いてないのを使う方が上等っぽいやり方みたいにされてます。ホイからフランスなんかでは揚げるのではなく、生パン粉をつけた材料を油をたっぷりにして焼くように揚げるようです。ですから、おそうざい屋さんのフライみたいに、カチンと音がしそうなくらい、コチコチにはなっていません。ホントの所あんまりコチコチはおいしくありません。トンカツは代表的なトンカツ。豚の料理の中では一番おいしいのではないかしら。トンカツは自分のうちで揚げた方がおいしいですヨ。大きいのでも一口でも、ねぎとあわせてくしカツでも、こんがりとよく揚げて、からしをちょっとつけてあついうちに召し上がれ。

チキンカツもさっぱりしてわるくはありません。ビーフカツは、もったいない。ビフテキにした方がモーチャンはおいしいです。

肉をたたいて切りきずをつけておかないと揚げると、まるくなっちゃいますよ、忘れないでネ。

コロッケはおいしいけれど、なれない人が作ると時間がかかりそうだからやめときます。

えびフライはえびのおなかに切りきずをつけておかないと、腰がまがっちゃう。いかも必ずつけること。

かきフライは、かきにパン粉をつけるのが、むずかしいかんじだけれど、パン粉の中をころがしてつけるといいです。ふんわり、やわらかく揚がります。

ポテトフライのとき、じゃが芋はすこし固めにゆでておくこと、あとはおんなじ要領です。

●からあげ

なにもつけないで、水気をふきんか、紙でよくふいて揚げる。大体魚を揚げる時はからあげがおいしい。あじのからあげ、カレイのからあげなどは代表的、ソースで食べてもいいし、お酢をかけてもいい。よく揚げて骨まで食べちまうのだ（小さいあじだとホントに頭の先からしっぽまで食べられる）。カレイのえんがわ（せなかとおなかについているヒレのこと）なんかパリパリしていてステキ!!! アドはこれを残すヒトは、ブンなぐっちまうのだ。

このからあげのヴァリエーションに南蛮づけとか、マリネとか呼ばれるものがあります。揚げたての魚を酢の中にドブンと入れちゃう料理のこと。

南蛮づけと呼ばれる方は、中華風で酢、しょうゆ、お酒、きざんだ生姜だの、時にはらっきょうなど入れ、赤い唐辛子のたねをとったのを、ハサミでちっちゃく切ってパラパラ。酢とおしょうゆの割合は酢七、しょうゆ三ぐらい。

かたや、西洋料理風ですからおしょうゆは入れず、酢専門です。塩、コショー、あとはパセリのスパイスでもパプリカという赤ピーマンの粉スパイスでも入れ、またはチョット、ワインとかブランデーとか洋酒を入れたりするワケ。両方とも、スライスして水でさらした玉ねぎを上にのせると出来上がり。この料理のいいことは保存がきくことです。恋人ちゃんが釣キチで、小あじをいっぱい釣って来ちゃった、なんて時、からあげして、南蛮づけなりマリネなどにしておきますと、夏でも堂々と威張ってます(長くつけこむ時、酢がきついと、いただく時、顔が曲っちゃうといけないから、少し水をいれて、うすめるといいです)。

からあげの時、メリケン粉をうすくまぶして揚げるヒトもいます。これだと油がはねる心配はない訳なのだー。

●立田あげ

片栗粉をまぶして揚げる方法です。

とり、豚、魚の小さな切り身に合います。とりはからあげ用というのでいいし、豚は赤みがいい。てきとうに切ったら、生姜のすったのを入れたおしょうゆにすこしつけこむ。一時間以上はつけておいた方が味がしみておいしいのだ。揚げる直前おしょうゆから出し、片栗粉をまぶして、からりと揚げます（これ内緒のはなし――すこし古くなって来た材料。たとえばすぐたべるつもりで買ったのに〝課長さんに御馳走になっちゃって、外食しちゃった――〃てなことで冷蔵庫で、しばらく御留守番をしていただいちゃったようなもの、こういうのはおしょうゆづけにしておけば、古さが消えます）。

つけこみのおしょうゆの中にねぎのきざんだのや、七味唐辛子などを入れると、味はさらに濃厚になります。味は好きずきですから、好みによってやって下さい。しょうゆにつけこまず、塩とガーリックの粉をふりかけ、片栗粉をまぶして揚げる方法もあります。

焼くの巻

〝ロバタ焼き〟〝バーベキュー〟で
〝焼く〟は人気上昇。
黒こげにならないよう、
じょうずに焼いてね。

焼くったっていろいろ方法があります。網焼き、フライパン焼き、鉄板焼き、天火焼き（オーブン焼き）、くし焼き……でも大きく分けると、直火で焼くか、間接火で焼くかです。

お魚の焼き方は炭とかガスとかに網をのせ、直接、火で焼く方法が伝統的な焼き魚です。この方法は材料が新鮮だと、素朴だけれど一番おいしいですね。肉でもバァーベキューで、あぶらをたらし、煙をあげながら、黒こげになンないように、右に左に身をかわしながら焼き上がったのを、アチッチイと、顔も、手もフル回転させながら〝くらう〟という図がサイコー。

炉ばた焼き屋サンってわりかし繁盛しているというのは、人間が火で焼いてものを食べるという、原始的スタイルへのノスタルジーかもよ。オトーチャン、オカーチャンをかこんだ原始人たちが、たき火をまん中に、その日獲って来た獲ものを、火であぶって食べる、何千年も前からヒトは火であぶり、焼いてものを食べて来たって訳なのだ。

だから、いきのいい魚を炭火でこんがり焼きめをつけて焼いたのって、手をかえ、品をかえ、あの手、この手で味つけした料理も、かないません。お手あげです。なんともいえない香ばしい匂いがして、魚なんか嫌いと言っているヒトだって、参っちゃう。焼きたてに、おしょうゆをかけると、チチチッて音をたてる、その音まで食欲そそっちゃう。

でも今は炭火なんてちょっと無理だから、ガスでがまん。ガス用の魚焼き網もこのごろとてもよく出来てンのが多いから、炭火焼きに、そんなに劣りません。いきのいい魚の入った時は、ぜひ、是非、もっともかんたんな網焼きをおためし下さい。

♧網焼き

網で焼く時、魚は全体に塩をかるくふること。一匹ものの時は、尾やひれにたっぷり、塩をつけとくと、こげにくいから焼き上がりがキレイにゆきます。切り身の時は皮の方からさきに網にのせて下さい。

古い魚、身の柔らかい魚は焼きにくいからやめといた方が利口です。

♧くし焼き

網のかわりにくしを使うからくし焼き、くしは金ぐしを使います。料理屋の焼魚は

くしで焼きます。くしの方が魚のかっこがよく焼けるし、火の加減も自由だし、身のやわらかいものもくずさずに焼けるし、といろいろと長所がある訳。でも家庭ではメンドーだからあまり使わない。

♧天火焼き

このごろはこの焼き方が圧倒的多数とか。料理屋サンでも、この方法だと大量生産できるので使ってるとか。でも独り暮らしのマドモアゼルの場合は天火まで持ってるってなかなかない事です。だからこれもお話だけ。

♧フライパン焼き

これこそ庶民の味方。フライパンに油をしいて、ジイジイと焼くンですからかんたんです。これ、材料をかきまわすと〝炒める〟になっちゃう。焼くのは、あくまで材料を片面ずつ、そっと焼くのでーす。

魚の場合、メリケン粉をうすくまぶした方が焼きやすい。

肉の場合は塩、コショーして焼く。

☆注意——フライパンがよごれていると、こげついて上手に焼けませんよ。きれいなフライパンに油をしいて、フライパンがあつくなったら材料を入れること。

♧鉄パン焼き

鉄パン焼きも同じことです。フライパンの代わりに鉄板を使うのですから。このごろ家電メーカーで鉄板焼きの器具も売り出されているようだし、デパートや雑貨屋サンで鉄板焼きというの出ています。鉄板の方がフライパンより厚味があるので、材料がこげつかないのです。

料理って、使う道具の性質を心得ていると、上手に出来上がる。ですから道具を買う時、よく考えて下さい。

お肉、魚、えび、貝、野菜、なんでも焼いて、最後に焼きそば作ったり、ドンドン焼き作ったり。と、これはパーテーにはドンピシャリだと思います。

冬の寒い夜、鉄板焼きパーテーをやって、心も身体もあったまっちゃおう。材料も持ちよりなんてどーお。一人五百円とか、または、あなたはえび、きみは肉、あたしは部屋を提供するから野菜、てなふうに……。

焼きあがったものにつけるたれは、これまたお好みによる。おしょうゆ、ソース、そしてこのごろスーパーにいくと、たれのもとというのがたくさん出ています。ものによっては塩だけの方がおいしい場合もあります。しつっこいのが好きなヒトのために、にんにくなどすっておいてあげてもいいし、いろいろ出して各人の好きにすればいいンです。

煮るの巻

みそ汁とならんで〝オフクロの味〟の
元締サン的存在でーす。
男の人にノスタルジーを感じさせるとか。

男の人のノスタルジー、おふくろの味っていわれる料理は圧倒的に煮ものが多いみたい。〝煮もの〟〝みそ汁〟〝おつけもの〟がナンバースリーなのでしょう。

そのおふくろチャマの味とは、おしょうゆと砂糖を入れた野菜の煮ものが代表的存在です。

煮ものっていうのは、ケンランゴーカじゃなくて素朴、そいでいて準備が、チョビッと手間がかかる。そいでこのごろ野菜も高いからわりに材料費もかかる、てな訳で、このごろあたしたちの食膳からだんだん姿を消してるンです。

たとえば里芋の煮ころがしを作るとすると、まず皮をむく（わりかしむきにくい）。ゆでる（ねばねばが出てすぐふきこぼれ、メンドーである）、てなことをして、ゆでこぼし、ぬらぬらをとって、おしょうゆと砂糖の味つけで煮るわけ。

味は好みですけど、料理屋サンはうす味。おしょうゆちょっぴり、水（水といってもだし汁）と砂糖もちょびっと。一般家庭の場合はゴハンのおかずになるように、おしょうゆはすこし濃いめがいいのです（もちろん、おしょうゆだけではこげちまうから、水とか、だし汁でうすめるのヨ）。

一日、家にいる方ならいいでしょうが、働いていて、帰宅後、食事の仕度する人には、やはりすこし無理ですね。トライしたい方は、お休みの日にやってみて下さい。

手軽で安上がりはこんにゃくです。これは好きな形に切って、さっとゆでこぼし、おしょうゆ、砂糖でいりつけるみたいに煮るのです。時間も十分もあればできちまう（油でいためておしょうゆ、砂糖で味をつける、つまり、きんぴらごぼうのような煮かたもある し、かつぶしのけずったのを入れる土佐煮っていうのもある。おしょうゆの代わりにみそを入れる、みそ煮もあります）。

大根、れんこん、ゴボー、じゃが芋、いんげんなどなど、材料はいろいろありますね。

大根はゆでてから、うす味でゆっくり味をしませた方がおいしい。あげを入れると味がひき立ちます。

ゴボーはゆで方に注意。ゆっくりやわらかくさえゆでれば、煮る方はらくです。煮汁がなくなるほどに煮て（もし残ってたら、煮汁からゴボーを出しちまう）、そしてすりごまでまぶすとおいしいけれど、これも若い人むきではないかも。まあ知識として読んで下さい。

れんこんはふたをあけて、ゆでたり、煮たりすること。でないとれんこん特有のサクサクした歯ざわりがなくなっちゃう。

ゴボーとかれんこんは、ゆでないで油炒めして、おしょうゆ、砂糖で味つけをする、きんぴらゴボー、キンピラれんこんの方が、かんたんに出来ます。ゴボーなど、マーケットにきんぴら用に切ったのを安く売ってる時があるでしょ、それを使うといいです。れんこんも、小さいとこを一山いくらみたいに安売りのを買ってうすく切って使う、でき上がりにごま、または七味唐辛子をふると冴えます。

じゃが芋は肉、玉ねぎなどと煮る時は濃い味。単独の時は甘くうす味。これはゆでないで、すぐ煮汁と一緒に火にかけて下さい。ポクポク煮ること。煮汁が一ぱいの時は、仕方ない、すてちまうンですね（煮汁がすこし多いナと思ったらお鍋のふたをとり、火を強めて、こげないようにしながら汁を蒸発させちまうことです）。

ほうれん草とか小松菜みたいな青い葉を煮る時は、煮るというより煮汁にまぜるというふうなやり方がいいです。ぐつぐつ煮たら、せっかくの青い色がなくなっちまう。

まずすこし固めにゆでておき、一方お鍋におしょうゆ、砂糖で煮汁を作り、わき立ったら、その中に、ゆでておいた菜をてきとうな長さに切ったものを入れて、手早く煮汁をからませるのです。箸でさっさとやります。そいでおしまい。これもかんたんでグー。ちくわとか、あげみたいなものもうすく切って一緒に煮合わせると、いいおかずです。この時、あげ、ちくわを、菜っぱより先に煮汁に入れて煮るのですヨ、味がしみたところで菜を入れるというコト。

●おでん

冬の楽しいお惣菜はおでん。これはおでんパーテーでもひらいて、お友達とおしゃべりする時、作るといいですネ。おでんにあつかん、てなことというとのみ助サンみたいですが、冬はいいですよ。

大根、こんにゃく、里芋はゆでておくこと。昆布、がんも、さつまあげ類などなど、材料は好きなものを買って来て入れればいいでしょう。おでんのコツは煮汁がたっぷりしていて材料にかぶさるぐらいにすること。ゆっくり煮こむこと（早目に作っておくのですね。たとえばパーテーの前日から。冬場のお料理だから、くさる心配はありません。ただし、暖房をたいて、モーレツあったかい部屋の場合、暖房のない寒い所に出しておいた方がいいですヨ）、うす味で味つけすること。

煮汁はこのごろ、おでんの素なんていうのも売ってるけど、材料に昆布をすこし余分に入れ（一番最初に入れて下さい）、調味料（出しの素などいいです）、みりんとかお酒を入れるといい味です（みりんとかお酒はあったら少量使うと味がよくなるのです、どんな煮ものでも）。

お鍋は深くて大きいのがいい訳で、パーテーの時は、どなたかに借りたらいかが。

●洋風煮もの

トマトケチャップ、トマトピューレ、ホワイトソースなどで味つけたもの。

かんたんに言っちゃえば、玉ねぎ、じゃが芋、肉、ピーマンなどを中心に、油炒めし、それにスープを入れ（固形スープをとかして使えばかんたん）、トマト味の好きな人は、生のトマトの熟したのを入れたり、トマトピューレ入れたり、甘っぽいの好きな人はケチャップを入れ、塩、コショーで味をととのえて出来上がり。

クリーム煮の方が好きな人は、スプーン二、三杯のメリケン粉をバターで炒め、牛乳でのばして、その中に材料入れて煮るンです。これはクリーム（ホワイトソース）の作り方がすこしむずかしいし、メンドーです。

トマト煮の方はやさしいですからためしてみて下さい。

冷凍のえびや貝を使ってトマト煮をしますと、ゴチソーになります。トマト煮は味が濃厚ですから冷凍ものが適します。冷凍ものはバーゲンの時買っておいて冷凍庫にしまっておくと、役に立つことうけ合いです。

むすの巻

むす、ふかすともいいます。
湯気のイメージ。
ホシテ、湯気って家庭的!!!

むす、ふかすといえばふかし芋が代表的。また、ふかしたてのポカポカのおまんじゅうも、昔からのあきない味です。

お芋ならむし器に芋を入れ、ふかすだけですからいたってかんたんなンですが、そこがむずかしい。このふかす時間が、むしもののコツなのです。

お芋の場合、十分くらいたったら、むし器のそばで楊子をもって、お芋にさしては加減をみて、あとで、ああこの大きさなら何分、この種のお芋なら何分と自分でたしかめるのが一番。むしすぎないように。すこし固めにして、火をとめ、むらしておくと丁度いいのです。

まあ、花のさかりのお嬢チャマがお芋をふかすこともないでしょうが、知っておけば、なにかの役に立つし、大勢、ひとの集まった時、時にはふかし芋もいいです。

●茶わんむし

むしもののナンバー1は茶わんむしでしょう。茶わんむしの嫌いなヒトって、まずいないでしょう。これはわりかしかんたんで、とてもゴチソーポクっていいです。

玉子の中に入れる材料は、手もちの品なんだっていいのよ。上等なのは、かまぼこ、

料理上手は
七難かくすの図
HORE
BORE

白身の魚の切り身、とりのささみ、ぎんなん、きのこ類、ゆりの根、三つ葉、えび、ときりがない。でもこんなにする必要すこしもないです。アドが絶対に入れたいものはぎんなん。ぎんなんの入らない茶わんむしナンテ……であります（ぎんなんは、かんづめをお買いになると百円ちょっとで小型があります。これがかんたん）。あとは三つ葉とかまぼこ（木の葉かまぼこなら一枚あれば二人分に十分。安くてすむ）でも入ればグー。

さて、肝心の玉子の処置は……玉子二個で三人分がいいところですが、中みの少ない時は玉子の小さいのを一人一個としてもいいでしょう。

一個の玉子を、普通のコップ半分くらいのだし汁でうすめるのです。みりんまたはお酒少々、塩で味をととのえます。おしょうゆをほんのちょっぴり落としてもいい。だし汁はこぶやかつぶしでとる訳だけど、このごろだしの素っていうの売ってるから、これをぬるま湯でとかして使ってもいいのです。味付けのコツは、おかずのたくさんある時はうすめ、少ない時はちょっとつよくと変化するといいです。

玉子が大きい時はだし汁ふやして下さい。あまり固いと茶わんむしはまずいですから（水まししてケチった方がいいのだ）。さてこれを〝ぐ〟の入っている茶わんむしのうつわ（ない時はコーヒー茶わんだっていい。ただし必ずふたをすること、ふたをしないと

〝す〟が入っちゃうのです）に入れます。

そいからむし器に入れて初め強火、湯気があがってきたら中火の弱ぐらいにして、十分ぐらいしてふたをとってみて下さい。表面がもり上がっていたら出来上がり。わからなかったら箸でつついてごらんなさいヨ。だし汁が多すぎると表面に汁が出ます。これもまた、できた証拠です。

メンドーなようですが、作ってみると、とてもかんたん。ぎんなんのかんづめをいつも用意しておいて、おすしなど注文した時、おすしの来る間にでも手軽に出来ちまう。きっと恋人氏は、素早く茶わんむしを作っておすしと出したら、あなたへのミリキを倍増するでしょう（ゆずがあった時、入れるとホッペタ落ちる）。

●酒むし

これもかんたん。魚、またはとりの手羽肉をお皿にのせ、塩をふり、お酒をかけ、むすだけ。あとはおしょうゆでも、お酢でも、マヨネーズでも好きなものをかけて召し上がれ。

酒むししたものは冬はあったかいうちに、夏は冷蔵庫で冷たくし、きうり、トマトでかざりたてると立派、立派。あら、あたしこんなにお料理上手だったかしらン、なんてわれながらホレボレするドー。

(あったかいもののデコレーションには、きのこ類が似合います。椎たけ、えのきだけ、しめじなど、いつも売ってます。使い方は一緒にむしてしまえばいいのです)

すてっぷ

〝一寸(ちょつと)までその一口が豚になる〟というのが我が家の家訓であーる。カクンとは家のおしえってことだから、エラーイいみのあることなのだ。そんなのにアドは、毎日毎晩、この〝カクン〟にそむいて、つまみぐいをしちゃう。食べるってことは、正装しちゃって、身体をキュウキュウとしめつけたかっこーで、きどっちゃってたべるより、ラクな恰好して、お手々でちょいとつまみぐいの方がおいしい。だからアドはつまみぐいが大好きだ。夜中、絵をかいていてもチットもヒラメかない、なんて時、台所に来て、冷蔵庫あけたり、ハイチョーの中のぞいたりしていると（もちろん、チョイ、チョイと手がものを口にはこんでいる）、ピカピカって頭ン中にいい案が浮かんじゃう。

食べるってことは愉しい。〝その一口が豚……〟なんて知ったーこっちゃない。うんと身体をうごかして働けば、いくら食べたって、〝豚〟になるなんてコトはない。毎日の味、旅の味、レストランの味、おひな様、十五夜の味!!! 生きててよかった。

季節行事と食べること

一年十二カ月、三百六十五日
あれこれたべられて
楽しいナー、嬉しいナー。

食べるという事が、ただ命を保存するだけというのなら寂しいナー、動物がエサを食べるというのと変わらなくなってしまう。でも、もしかすると動物だって愉しんでいるのかも。ライオン君が野うさぎチャンを犠牲にしちゃってかぶりついている。あたしたちはただ、ザンコクーって感じても、ライオンは〝ウン、きょうのは肉の味がなかなかいい。やっぱり生きてるのはいきがよくてうまいワイ。それにしても去年のきょう、人間におっつかまっちゃったオレの娘、今ごろは死肉くわされて、かわいそうだワイ。うーん、このうまい肉、一口、かぶりつかせてやりたいワイ……〟てなこと思っているのかも。

猫なんか、すぐいい気になって、まずいものは鼻先でフンてやりますね、だから、まずいものを猫またぎ（猫がたべないでまたいで行っちゃう、つまり猫もくわない）なんて悪口いいます。

まして、あたしたちは万物の霊長とかいわれる人間サマ。どうして食生活を、ただお腹がいっぱいになればいい、宇宙食みたいに、カプセルだっていいのヨーなんて情けないことが言えようかってんダ！　そんな情緒欠陥人間はまっぴらです。

てなことで、アドの食生活は季節の移りかわりと一緒に、季節を愉しむっていう暮らしです。参考のために十二カ月を順を追っておはなしするといたしまする。

＊一月（むつき）

元旦はどこの家でも、お雑煮、おとそ、おせち料理など、祝膳を愉しむでしょう。うちでもあれこれゴチソーならべてニコニコ。アドはなんたって鯛を、お正月用のお箸でつついてたべる時、お正月だナーって思う。おとそをチョビットいただいて、なにたべよーかとお膳を見まわす時、いまだに子供ン時みたいな、生きてるっていう充実感みたいの感じちまう。

ところが近頃はお正月をやらないうちもふえているとか。そのショーコに、アドンちでは二日マージャン大会なのです。大勢ヒトサマがおいでになる。この方々の中で、お雑煮食べたいっていうヒトがふえてきたこと。〃まだ食べてないンだヨー〃〃うち食べないンだー〃なんていう。おもちの人気もさがる一方だといいます（実を言うと、アタチもすこししか食べない、別にきらいではないのだけれど）。でもお正月のお雑煮は食べたいナー。日本の古い古い時代からのしきたり、それをやることで、生活に一つのコンマがついていいことだと思う。生活のうるおいです。

七日 七日の七草がゆ。これはしない家の方が多いみたい。八百屋サンにも七草がゆに入れる七草がほとんどありません。御存じのように旧暦は新暦より一カ月は遅いでしょ。だから今の二月上旬がお正月、とすればすこしは野原に若菜が出ていたのでしょう。それをつんで……百人一首にもありますね、春の野にいでて若菜つむ……ていう一首が。それをお正月のゴチソーづかれの胃袋チャンをやすませるため、若草入りのおかゆを食べたのだということです（ゴチソーづかれなんていうけど、昔、商品の流通機構がわるかった時代に、そんなにゴチソーあったのかしら、なんて、アドはギワクのマナコで、この件はきいているのだ）。

いろンな解説ぬきに、淡いみどり色の菜の入った白いおかゆって、感覚バツグン!!! うちでは必ずします。とても七草なんて揃えられないから、芹、小松菜などをみじんに切って、出来上がる直前に入れて、火をとめる。サラリと、柔らかく煮たおかゆにみどりがきれいでおいしい。うちではこのごろセロリーの葉っぱの所をきざんで入れる。いい香りがしてスラバヤシイ!!!

十五日 小豆がゆ。これをする家はほとんどないのでは。鏡びらきといって、おかがみのおもちをおろす日が武家十一日、商家十五日だったとか。このかがみもちを切って、おしるこに入れて食べる（今でも柔道の大本山、講道館でやってますね。この日テレビをみていると、必ずと言っていいくらい放映されてますよ）。これとつながりがあるンでしょうね、小豆って昔の人はソンケーしていたのかしら。一日と十五日に小豆を入れてごはんをたくという風習があります。戦前までは、多くの家でつくっていたそうです。

小豆がゆは白いおかゆの中に、柔らかく煮た小豆を入れるのです。病気にならない、と言って戦前派はいただきます。人によっては砂糖をかけて食べる人もいるとか。アドは、正直言って、これはあまり好きではないけれど、きちんと昔のしきたりをやっているということにホンワカしたものを感じちゃって、お塩を入れて、チョビッといただきまーす。

一月下旬　大寒（だいかん）に入りますと、寒（かん）もちというのをつきます。家ではもう、食べる人がみんな少食になってきているので（おもち好きの母だって、たくさんはいただけません）、この寒もちはおかき用に作ります。

なまこ型といって、切ると半月になる型に作り、うすく切って、かげ干しして、干しあがったら、火鉢や、ガスストーブの上に網をかけて焼きます。焼き上がったのにおしょうゆをかけるとチューとなく。ちょっとさまして、カリカリと食べる。手焼きせんべいみたいで、これはとてもいいものですヨ。冬の夜長を、レコード聞いたり、テレビ見たりしながら、おかきを焼いて食べる、おいしいお茶を入れる。このムード、コーヒーとケーキ、紅茶とクッキーとは違ってグンとくるのです。

さてこのおかき、五、六月ごろになったら、油で揚げて、揚げおかきにする。これ、またまたいいのだ!!! さみだれのころ、うっとうしい雨の夜、揚げおかきでも食べようや、てなことになって、十二時をすぎているのに台所に出ておかきを揚げる。〝くいしん坊だねえ〟〝好きだねえ〟なんていうヤジウマの声もあるけれど、揚げて、塩パラパラ、またはおしょうゆサラリとかけた、まだ熱い揚げおかきを、香ばしいほうじ茶と一緒に食べると、長雨の気重さもふっとんじゃって、ヤジ馬サンも〝ウマイ〟なんて一生懸命パクつくってな風景を演じてます。

＊二月（きさらぎ）

二月四日あたりが節分　節分の日は豆まき。いわしの頭とひいらぎを玄関にかざって悪魔よけをする風習があったとか。今は全国でも、ほとんどやっていないみたい。うちも、やりません。豆はまきますが、御馳走の方はいわしの代わりに焼魚を必ずつけることぐらい。その代わり、どんなに仕事で遅くなっても必ず、一同揃って〝福は内、鬼は外〟、をやって、自分の歳だけお豆を食べて（歳とったおかあさんの分はみんなで分担してあげて）お十時（夜のお八ツ）を食べておしまい。

＊三月（やよい）

三日　ひな祭り　なんたって一番嬉しいひな祭り、桃の節句。おひな様って大好きだアー、ヤッホー、キャッホーとうれちい。

戦後のなんにもない時代でもおひな様のゴチソーはいただいた。私のかわいいおひな様も、疎開させてあったので焼けなかった。小さいかわいいきめこみ人形のおひな様です。あんましキンキラキンではない、地味なこづくりの所が、とても気に入っている。このおひな様の前で、お友達とか、劇団の若い女の子とかも呼んでお祝いします。

おひな様のゴチソーは、うちではまずちらしずし。台所でホーチョーの音がせわしくひびいて、椎たけ、人参、れんこんなどがきざまれ、煮こまれ、錦糸玉子が山のようにどんぶりの中におさまってる。早くごはんの上にのせてちょうだいナーってかんじ。かまぼことか紅生姜とか海苔とか、とにかくホーチョーサンは大活躍。お酢の匂いがプーンと食欲をそそります。小さい時、おかまから盤台に移したすしめしを団扇(うちわ)でパタパタとあおいで、さますお手伝いをしたものです。

そして茶わんむし。茶わんむしの中のぎんなんて、ちょっとほろにがいけれど、どういう訳か、子供のときから大好きでした。

それから、これまた、またまた大好物の貝類のパレードです。蛤(はまぐり)のおすましは三ツ葉が浮いて、ゆずが入っていて、いい匂い。さざえのつぼやき。この中にもぎんなんが入っているのだ。つぼの中の実をみんな食べちまうと、このげんこつみたいな貝を上に上げて、おつゆまでのんじゃった。

赤貝や、平貝はおさしみとして大皿に姿をあらわす。もう貝好きのあたしは、口が二つも三つもほしいなんて化けものみたいなこと考えちゃうのだ。

菜の花のおしたし、高野とうふ、こんにゃく、生ゆばのお煮しめと、この日のコースは、純日本風なのです。お白酒は口あたりがいいので酔っぱらうおそれあり、と心配しながらも、ついもう一杯。白くて、冷たくて、甘くて、とろりとした舌への感触がキャッホー、ヤッホー、たまんない。

このごろ時々、うちの劇団、未来劇場の公演が三月末とか四月上旬に行われることがあるンです。すると、この三日がお稽古のまっただ中ってことになって、早く帰れない。そんな時でも、夜中になってもやっちまう。どんなことがあったって、おひな様のパーテーはやらなくちゃあ生きてる甲斐がないのだ!というくらい楽しみな日なのだ。

*四月(うづき)

四月上旬にお花見をする。これは家には桜の木がないし、お花見にゆくとお花見じゃなくてお人見になっちゃうし、そこで、車で、家の付近の桜並木の大通りを眺めて来て、家でお花見の宴。

こんなに人出の多くなかったころはお弁当もって、桜の名所といわれているところ以外に咲いている、きれいな桜の木に目ぼしをつけといて、そこで花見をするてなこともしました。名所は昔でもこんでたから。

お重箱に、おすしやおいなりさん、かまぼこ、焼肉、からあげのとり、という日本風コースと、サンドイッチコース（食パンのもの、フランスパンのもの、白いパン、黒パン、はさむものも千変万化というとオーバーだけど、いろいろ）、フルーツ、飲みもの。大人が一ぱいやっている間、子供は野原をかけめぐり、クローバーの白い花をつんだり……（外でのお花見はアドが大人になってからは気軽に出来ない状況です。そこで子供のころの思い出となりました）。

＊五月（さつき）

端午の節句　これ、あたしが男の子でないせいか、あんまり盛大にしたことない。男の子のきょうだいもいたのだし、男のヒトのいない家庭ではなかったのに、どういうわけか、おひな様にくらべると、さっぱりしてます。

おかしわを食べて、お祝膳はお赤飯たいて、鯛の焼いたのが出てきたり、季節がら、いきのいい、かつおのたたきが食膳をかざりました。ホントにどういう訳か、端午の節句は特にお客さんしないのです。

ことしのこの日は、たけのこずしを作りましたっけ。そして山菜の天プラ（たらの芽、わらび、山うどなど）、とび魚のすり身のおすまし。アドはすり身のおつゆも大好きです。とび魚を三枚におろす、つまり骨と身を別々にするから三枚になるでしょう。そして皮をはいでこまかくきざんで、すり鉢でゴロゴロとよくすって、塩、調味料に片栗粉すこし入れ、手のひらでおだんごにするか、おしゃもじのさきですくうようにして、昆布でだしをよくとったお汁の中におとす。しょうゆ、酒、塩で、味つけして三つ葉でも芹でもお椀に入れておけばサイコー、すこし手はかかるけれど、とってもおいしいのだ。このごろ、すり身になったのをデパートで売っているけれど、自家製の方が百倍おいしい。

*六月（みなつき）、七月（ふづき）、八月（はづき）

暑いころって特にないですね。ただしこのころは必ず、居住地のお祭りがあるものです（場所によっては秋祭りですけれど、都会地は夏祭りの方が多い）。このお祭りにあわせて、お客に行ったり、また招いたりと愉しい一日です。

アドの生家は日本橋なので神田明神、それで、夏祭りの方です。浅草も近いので三社祭りの時も愉しんじゃう。

暑いころなので、親、きょうだい集まって、よそへ会食に行きました。

小さいころって、そとで食べるってことは嬉しいもので、いい洋服に着がえて、いそいそとして夕方の来るのを待ったものです。大森海岸のかに料理、浅草の中清とか大黒屋の天プラ、またはうなぎ、一日中、祭ばやしのきこえる街ン中でウキウキと暮らしましたネ。

今はむさしのに住んでますから秋祭り。でも東京のまん中に住んでいたくせで、祭りというと夏祭り。神田明神や三社祭りの時、なにか食べに行きましょうかってなことになって、もうすっかり大人になったアドがこんどは両親やきょうだいを誘うのです。

＊九月（ながつき）

お月見　九月になると待望の十五夜があります。十五夜は何日と決まっていないので、八月ごろになると旧暦のこよみののっているカレンダーをみて、ことしは九月のなん日よ、なんて言うのです。十月に十三夜がありまして、これは必ず両方しなくてはいけないという家訓、家のおきて（おおげさアー）になってますので、お客サマを呼ぶ時、必ずきくのです。〝あなた十月なん日おひま？〟〝いやその日は……〟というヒトは失格、両方大丈夫というヒトだけ招待します。片方だけは片見月といって縁起がわるいんだって……。かたみ月って形見という連想でいけないのでしょうか。

とまあ、こんなことがありまして、いよいよ、旧の八月十五夜、満月を愉しむ、という段になるのですが、九月に台風シーズンでしょう。下手するとお月様どころか、雲とび、風うなりなんて日にもぶつかってしまう。夜空をホントにキラキラと輝く、まあるい月を眺めた時は、嬉しいです。この美しさに、竹取物語だって生まれちゃったのです。都会の汚れた夜空でみても美しいのですから、山や海や田園で眺めれば、ウーンとなぐられたみたいな感動。ウルトラキャッホーだ。うそだと思ったら、こん

ど、よくよくみて下されい。

十五夜の宴は主役はお月様ですから、月への供物がたくさんある。まずおだんご、これはもち菓子屋さんで売ってますが、うちでは、上新粉（お米の粉です）十に対し、三の割で白玉粉をまぜて作ります（白玉粉をいれると固くなり率がおそいのです）。水でこねて、てきとうにまるめてよくむす。それをすりこぎでよくついて、こんどは十五個にまるめます。それを、むし器でむしてでき上がり。片栗粉を表面にちょびっとまぶしておくとピカピカ光ってでき上がり。枝豆、きぬかつぎ（ひげの生えた里芋チャンのこと）、さつま芋、栗とゆでるものが多くて大変。それに柿、ブドー、梨、リンゴなど、秋の果物を供えます。もちろんすすきも。

あとでお供え物をたべるから夕飯のゴチソウはさっぱりとしましょうね、なんて言うけれど、やっぱりなにやかや作ってしまう。

まず栗おこわを炊く。家で炊くおこわってサイコーにおいしい。売っているお赤飯は柔らかいでしょ。自分のうちだと、おこわ（強飯というのだそうです）の名にふさわしく、一粒一粒、もち米はふっくら炊けながら、べとつかないでいい味。ああーふとっちゃうという恐怖におそわれながら、ついもう一膳と手が出てしまう。

食いしん坊ぞろいのわが家では、ちゃんとお赤飯をたく〝せいろ〟というむし器を持っていて、きょうは誰の誕生日、あさっては誰々のなんとかってなぐあいに、理由をつけては、よくお赤飯を炊く習慣がデデンと居すわってる。

お赤飯には、あげの煮たのとか、きんぴらゴボーみたいに、すこし油の味のする、味の濃い煮ものが似合います。で、すこしカッコつけて、生ゆばを一度あげて甘辛く煮たのとか、自分ンちで作ったがんも（木綿どうふをしぼって玉子と片栗粉を入れ、すきな〝ぐ〟をまぜて――ぎんなんとか、人参とか、れんこんのきざんだのとか――ボール状にし、それを手のひらで押してやきまんじゅうみたいに揚げるのです）を煮たり（これは人気サイコーなのでありまーす）、れんこんのきんぴら作ったりします。あとはおさしみなり、焼肉なり、焼魚なり揃えまして、パクパクとやりながらお月様のおでましを待つのだー。

愉しいけれど、なにしろ、わりとボリュームの多いものばかり食べるので、お腹がいっぱいになっちまうのが玉にキズ（ぜいたくな話ですが）。それで近年では、夕飯のゴチソーを主柱にするか、お月様の供物を主力とするか決めて、両方、手を出さないように注意しているのです。おだんごはあくる日焼いて食べると、またおいしいのですから。

＊十月（かんなづき）

十三夜の宴　十五夜の宴と同じ。虫の音がしげくなり、秋、たけなわ。ちょっぴり、ああことしももう二カ月になったのか――なんておセンチにもなっちまう。

それからもう一つ、十五夜が雨だと十三夜は晴、十三夜雨だと十五夜晴、てなぐあいになってて両方ダメなことはほとんどないけど、両方、とってもキレイというのもわりかし、むずかしい。お天気サマもイジワルだ。

このお月見の宴はほかの行事と違って、やっぱり、ちょっと静かな、落ちついたムードになってしまう。やっぱり秋の夜ってしみじみしちゃうのかしら。

うちのダンナどのが、子供のころ街のまん中で、家・家・家とたちならんでいる所に住んでたころ、お月見を物干し台でした、それがとてもよかったと語っています。二階家で、はしごをかけて、屋根の上の物干し台にのぼるンですって。その物干し台にコンロに火をおこして持って上がり、すきやきをしながら月をみた、その月はホントに青くてキレイで、お父サンにちょっぴりいただいたビールがほろにがくて、未知への世界へのスリルみたいな感触だったとか。昭和十七年ごろのお話です（空襲でこの家がやける時、大きな火の粉が物干し台にとんでくるのを、はじめは一生懸命払っていたンですって。そのうち、もう払いきれなくなって、物干し台サヨナラと言ってこの家をはなれたとか……）。

屋根の上のすきやきとお月様、アドもやってみたいナー。

ハイキング、ピクニック、遠足、栗ひろい、梨もぎ、芋掘り、ぶどう狩りってな行事も十月が多いンじゃないかしら。梨もぎ、ブドー狩りなどというのは、戦後さかんになったリクレーションです。かごをもたされて、梨の棚やブドー棚の下に行き、こぼれ陽がきらきらっとキレイだなあ——と頭のすみっこの方でちらりと思いはするンですが、それよりも、もっと強烈に、おいしそうなのどれかなー、ウワーなんて〝秋の実り〟にアタックです。自分の手でとるってことが愉しいんですね。梨でもブドーでもその場で食べるのは食べ放題といわれ、甘い水のしたたりおちる梨を皮をむいてまるごとかじるおいしさは、冷蔵庫で冷やしたのなんかよりうまいのだ。

ハイキングで山栗をたくさんひろったことがある。山栗って小さくてかわいい。それでとってても甘いのネ。ゆでて、歯でかみ割ると、プチッていうような音がして、その半分にわれたのをチューブのなかみを絞り出すみたいに押してたべる。プチュ、プチッ、キューてな調子で、たちまち栗の皮だらけ。この野蛮な食べ方、小栗にはぴったしで、マロングラッセなんて気取ったヤツより数倍おいしい。

*十一月（しもつき）

冷たい風が音をたてはじめると、下町ッ子の愉しみ、お酉様があるのだー。十一月の酉の日は商売ハンジョー、家運も上々であってくれ！っていう庶民のお願いの日とか。浅草のおおとり（鷲でそうよむとのコト）神社が本家本元で、この境内にずらーりと、かざりたてた熊手が売られるのです。これを買って幸運をかき集めろってことらしい。この売り買いの風景がおもちろいのヨー。大きいのを買うと売り手のオニイサンたちと、買い手サンとが一緒になって、ヨオー、チャンチャンチャンと手を打つのです。これ不公平で、小さい、安いのではやってくれないのだ。

もの凄く欲張りなかんじの熊手がずらりと並ぶ。竹で出来た熊手に、おかめさんのお面を中心に、きんきらきんの小判、大判がずらり、竹あり、梅あり、亀あり、鶴ありと、おめでたいのと現実的なマネーとごっちゃにして大、大デコレーション。すっきりとしたデザインなんてものより、この欲張り型が売れるンですね。お酉様の食べものは、きりざんしょ、という、とりの子もちを拍子木型に切ったようなおかし、笹にさした大きなボール型八ツ頭（八ツ頭も子がふえるということから〝ふえる〟という縁起でこの日、売られるのだとか）、あとはどこの縁日でもあるようなものが並んでます。

やきとり、おでん、どんどん焼き、やきそば、いか焼きなど、露店から立ちのぼるさまざまな匂いに刺激をうけて、お腹がクゥーといいだすころ、人、人、人でノロノロ歩みの人波からようやく脱出。さあーてと、なんかおいしいものを食べにいきましょう。

＊十二月（しわす）

クリスマス　キリスト教信者でない人たちのクリスマスって、御本家の外国人がみるとおかしいでしょうネ。でもクリスマスの行事って、今はすっかり生活の中に定着したみたい。教会でミサを……ということのないクリスマスって、プレゼントとパーテーが主役です。

クリスマスのパーテーは、デコレーションケーキと紅茶というティーパーテー形式と、お酒のんでゴチソー食べてというのと二通りあるみたい。うちでは劇団の人々が集まり、五百円以下でという制限つきでお買物をし、そのプレゼント交換からパーテーは始まる。大勢ですから、稽古場に会場を作り、おでんコーナー、サンドイッチコーナー、おすし、おいなりさんコーナー、鳥のからあげコーナー、サラダコーナーてな風にして、みんな好きなものをとる立食パーテー形式でやる。もちろん、デコレーションケーキもあるし、ビール、ウイスキー、ジュースなど飲物もあるし、みかんの山もあるし、忘年会も兼ねて、盛大にやっちゃうのだ。

クリスマスパーテーは二四日のイブと決まってるけれど、忘年会の方は、ヒトによっては連日連夜ってのが十二月ですね。お正月をひかえて、胃袋の身になってつき合わないと、いたい目、つらい目をみるのは自分なのだ。

三一日の年越しそば　大晦日の年越しそばをみなちゃまは食べますか。

行事にはわりかし忠実なうちでは、おそばを食べないとお正月がこないってわけ。昼間おそうじやお料理で忙しい時、手間をはぶく昼食がわりにいただいた時もあったけど、このごろは紅白歌合戦も終わって除夜の鐘がきこえる直前にいただく習慣になっちゃった。昼間のうちに手打ちそばなんていうのを買って来ておいて、おそばのたれも作り、食べる前にゆで上げて、海苔をかけてスルスル。そのうちに除夜の鐘がきこえてくるという情景です。

*番外

十二カ月のどこかに所属するけれど人によって違うのがお誕生日です。バースデーのゴチソーは生まれた月によって左右されちまう。十二月生まれのアドは、忘年会、クリスマスとパーテー月なので、有難味がうすれちゃって損しちゃう。一月一日生まれのお友達なんかも、おおいにボヤいていましたっけ。母や姉は四月で、おいしい山菜や木の芽など豊富な時なので、木の芽和えやら山菜ずしやら、山菜天プラと、和風の凝った料理が並ぶのヨー。

サラリーマンのお宅では給料日前のお誕生日って、どうしてもつつましくなっちゃうとか。生まれる日っていうのもなかなかむずかしいもンです。

こんど生まれてくる時は良い日を選んで、〃地球サンこんにちはー〃。

アドのお料理失敗談

失敗は成功のもとで〜〜す。
一度ぐらいの失敗なんかはなんのその。
アドをみならって。

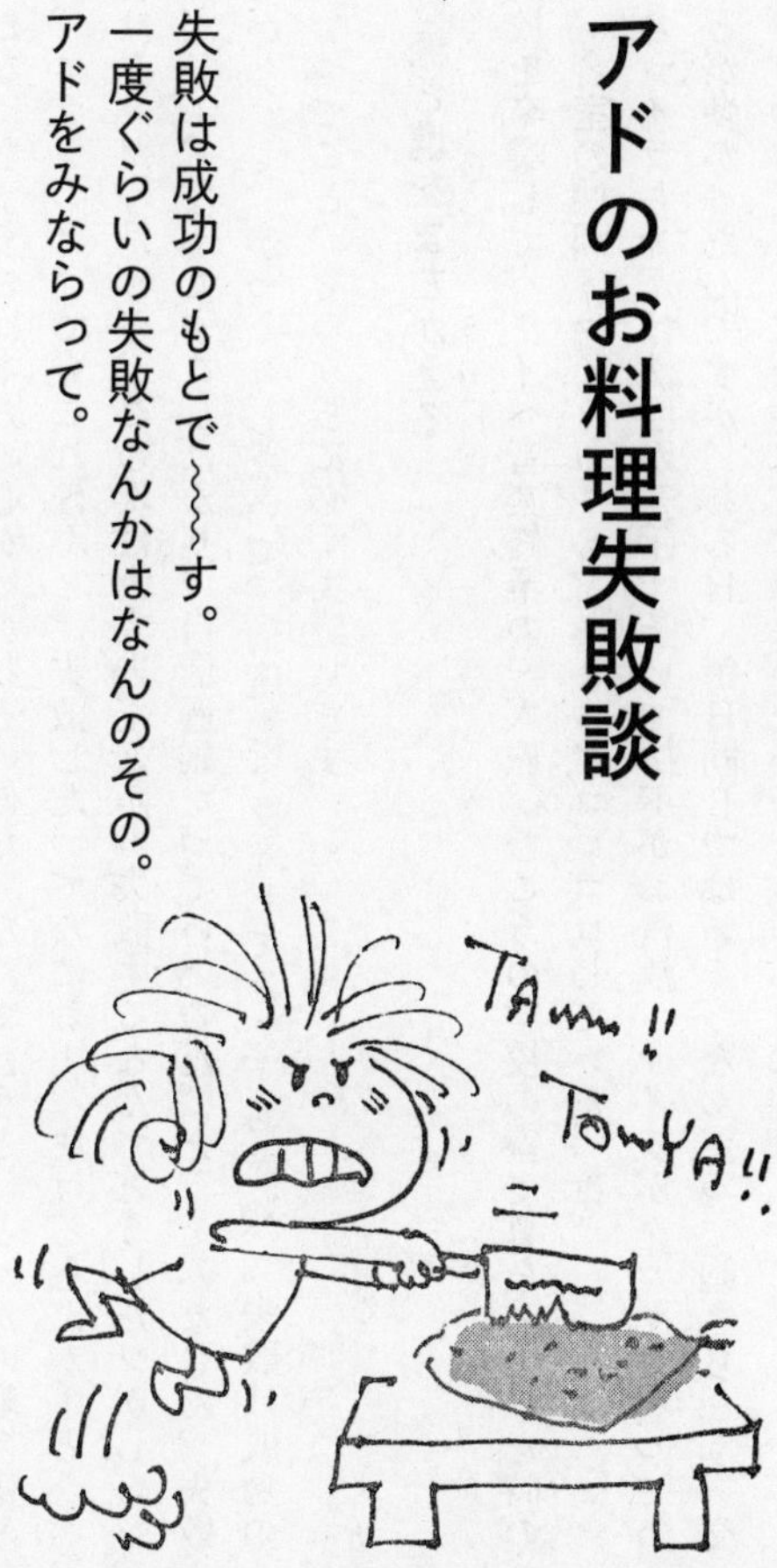

失敗は成功のもとってことは半分ぐらいはホントだドー。失敗してそれっきりボシャンとなっちまうのは本人の心がけがわるいのだ。なんて言うと、どっかの教祖様みたい。エラソーネ。でもこれほんと。失敗したってなにおー、まけるもんかーとか、今度はダメだったけど、この次は大丈夫だとか、失敗するなんてどうしたンかしらン、ヘンだドー、なんてすこしばかり、自信過剰だっていいのだ。どうぞみなさん、失敗したからって、がっくりしないで、何度もトライしてみて下ちゃい。〝失敗は成功のもと〟ってこと、そのうちに必ず実感します。

●砂糖と塩をまちがえる

高校を卒業してハワイへ音楽修業の一人旅。むこうの学校の寮で暮らしていた時のこと、合室の仲間はマイラちゃん、ふとってコロコロしていたっけ。

このマイラちゃんは洗濯が苦手、そいでアドがお洗濯、マイラがクッキングっていうことが多かったんですが、ある日、毎日同じではいくらなんだって飽きちゃう、交替しようってなことになって、アドはいそいそと久方ぶりの料理人。

お台所って好きなほうだから大ハリ切りで、野菜炒めを作ったわけ。ハワイでは一年中、こってりとしたビーフシチューがいつも出来てて、食事の時でるンです。だから、さっぱりした野菜炒めを、てなことでジイージュージイー、塩もすこし強めにとボシャンと入れる。そこが神の手にも狂いが……てなことだったのか、塩ではなく砂糖を入れていたのです。甘い野菜炒めっていかが？　気持ワルーイ味です。お義理にも食べられない。そいで、アドは、〝よーし、まかしといて〟と野菜炒めをザルに入れ、水でジャブジャブと洗って、また炒めなおし、こんどはまちがいなく塩を入れて再び食卓へ。でもベチャベチャになってしまい、どこかに甘味も残っているし、とても食べられる代物ではないンです。犬にあげようとして、ワンチャンに食べさせたらなんたる侮辱!!!　犬も食べない、そっぽを向いたのであーる。

一方マイラちゃんの洗濯も、どうしてああなるのか疑問でありますが、白く洗えないでグレーに仕上がったのでありました。

●空中分解の巻

お世話になっていた二世のおじさま、おばさまが、たまには東洋の味をと、中華料理につれていって下さった。毎日バター、チーズばかり食べているので、ワクワクとうれしい。くらげの酢のもの、とりの白くむしてあるの、白身が黒く透明な玉子、ピータンなどなど、なつかしの前菜から始まって食卓が賑う。そのうちに、パラフィンに包んだつつみあげが出ました。たけのこ、春雨、椎たけ、お肉などがいいお味で炒められ、パラフィンにつつまれて揚げ油で揚げたものです。

あんまりおいしいので、寮に戻ってからも、寝てもさめても忘れられない。そこで、わりかし料理に強いとうぬぼれていたアドが、一大決心をして、作ることにしたのであーる。

パラフィンに包む材料は口おぼえ、舌おぼえでなんとか作り、さて包む段になりましたら、肝心のパラフィンがないのです。そこでエイ、代用しちまえとばかり、日本でいうわら半紙、このわら半紙みたいな紙をつかって中身をつつみ、揚げ油に入れました。始めは上々、ファーンと浮き上がりました。〝シメター〟と思った瞬間、紙がパーンと裂けて中身は油の中で、ちりぢりばらばら、空中分解しちゃったのです。油も汚れて使いものにならなくなるし〝泣きつらに蜂〟てなナサケナーイ顔になっちゃった。

この空中分解というのは、わりかし、失敗しやすい失敗です。

一度、コロッケを揚げる時、まるめたおじゃがにメリケンコ、とき玉子を十分つけて、パン粉をまぶすべきなのに、玉子をケチっちゃって、まるめたおじゃがに水をつけてパン粉をまぶし、油に入れたのだ。天罰テキメン。コロッケちゃんは、わきっぱらからどんどんくずれ、油はドロンドロンとなったのでありました。

●お酢をのませる

お正月のお客様、大勢いらっしゃってお台所は戦場だし、ヒトビトもみんな上気して、コンラン気味。そこへまたお客様。ホラ、御銚子つけて……ハーイとばかり、一升ビンから徳利にドクドクドク、おやかんの中に入れてあたため、出来ました――、お客様、お盃に入れたの一口のんで、ああーッ、お酢でした（うちではお酢も一升ビンで買いますので、あわてて間違えました）。これはずーっと前の話ですが、ことし、うちの劇団のお嬢ちゃんが手伝いに来て下さって、お客様にショーチューをおかんして差上げちゃった。これはお酢と違うので、お客様はがまんしておのみ下さいましちゃって、恐縮でござった。

●こがす

一般的な失敗で一番多いのはこがしちゃうことでしょう。これはいまだに時々やっちまって、我と我がアタマをなぐってくやしがるけど、ジ・エンド。まっくろけの鍋底を眺めて無念、残念なりです。お鍋を洗うのも、並たいていではないし、やっぱり底がうすくなるし、こげぐせがついちまう。火にお鍋をかけている時は、やっぱりそばにいて、注意してないとこの失敗やっちゃいますね。電話などかかって来たら、火を消す方が安全。

アドのこげ失敗でサイコーにくやしかったのは煮豆。

父が煮豆が大好きなので、煮豆の名人にコツをきいて、夜、ゆっくりと煮はじめたのです。トロリトロリと煮て、豆の皮がはじけて、ホントに柔らかくなってから、砂糖を入れて、塩も入れて、つまんでみると、キャッホー、ヤッホーの出来。トトサマのニコニコ顔が目に浮かび、ヤレヤレと思ったのが、第一のつまずき。モチット水気をとって、ホクホクと煮こもうとまたトロ火にかける。これ運のつき!!! 気をよくして絵を描いたので、そちらに関心が移ってしまったのだ。ふと気がつくとキナくさい。

ヤレーとガス台にかけつけた時、あんなに、にこやかに出来上がっていたお豆サンは——上の方までこげていて、こげていないところまで匂いがついちゃってとても食べられません。ショック。

あんなにくやしい事は二度とありません。

煮ものは、そばにやさしく付き添っているに限ります。目をはなすと、わりかし、ベテランさんでも失敗するとか。

キャッホーとひっくりかえったり
びっくりしたり、思い出の味。

旅の味

旅先で、ホントにその土地の名物、おいしいものを食べるってことは、実はむずかしい。相当な通か、知り合い（しかも食いしん坊の要素のあるヒト）がいなければ、なかなか、旅人（たびにん）サンのお口には入ってくれないようです。

だって、そんなにたくさん〝名物〟になる材料が自然に生まれるはずがないでしょ。だから人工的でないホンモノにはお目にかかれないンです。一般的名物が、名物にうまいものなしなんて悪口いわれちゃうのは、こんなわけかもネ。

その点、外国へ行くと、みなれない変わったものに〝遭遇〟しちゃって、〝おいしいー、キャッホー〟なんて叫んじゃう。

イタリーは、貝好きのアドには嬉しい国、〝ボンゴレ〟っていうとってもステキな貝を、なんとか言う海岸で食べた。みんな泳いでいるのにアドは水着がなかった。そいで、パンツとブラジャーで泳いじゃった。パリ製のブラジャーは水着みたいにカッコよくって、アドは得意。ホシテ、水泳のあとの〝ボンゴレ〟。キャッホーの連続であったのだ。

ポルトガルのリスボンのそばの海岸で食べた、お化けみたいな大きな貝もステキ。ゆでて、ライムをしぼって食べた。朝市なんでしょうね、早朝、とれたての魚や貝がずらりと並んでいるトコで、つまり立食いなんです。ホークとナイフで気取って食べるより、ずーっとおいしい。

アメリカはあんまりおいしいもののないトコだけど、サンフランシスコの魚貝類、かにや貝は思いがけずおいしくてヤッホー、キャッホーの組でした。

ニューヨークで偶然食べたアプリコット入りのヨーグルトはすっかり気に入って、日本に帰ってからも紀ノ國屋サンなんかの輸入の部にないかと、足しげくのぞくんだけどダメ。遂に干しあんずを柔らかく甘く、蜜を入れて煮て、それとヨーグルトを合わせて食べているンだけど、コレもうスバラシイの一こと。ためしてごらんなしゃれ。

アメリカでこれはステキと思ったのは、パンケーキハウス。ホットケーキをはじめ、五十種類ぐらいのパンケーキがあります。アドの気に入ったのは、ホットケーキの小形で、ワンダラホットケーキと呼ぶもの。直径7センチほどのホットケーキが二十枚、お皿に花形にのってくるんです。それと別に、手のついた〝ぐ〟入れがきます。ジャムだって最低五種類あるし、はちみつシロップとか、バター類、とにかく、いろいろあって、一枚毎にちがうのつけて食べる。とっても愉しい。やっぱりその国の代表的な存在はおいしいです。

パンはフランス。もうなんにもつける必要ないンだ。焼きたてのフランスパンをちぎりちぎりむしゃぶる、それだけで満足しちゃうのだからサースガ!!!

同じように、スパゲッテーはイタリーです。生スパゲッテー(ちょうど、日本の手打ちうどんとおんなじ)をゆで、トマトとバターの中に放りこんだだけ。わりかし水っぽいというか水分の多い汁ン中にぶちこみ、ひきあげたって感じ。無造作だけど、これがスパゲッテーだーという味なんですね。

失敗した例もあります。初めてヨーロッパに行った時、最初にオランダはアムステルダムの街で、とあるレストランに入ったのである。メニューをみると、なんと絵かきサンの名前がゾロゾロでている。わけがわかんないけど、〝エイ、ピカソにしちまえ〟と注文したら、それこそピカソの絵みたいに、まん中に魚の黒くこげたみたいのがデンとおさまり、そのまわりにいろンなフルーツがかざってあるではありませんか。ビックラギョー天。高くてまずいというおまけつきで、ガックリ。アドの経験では、安い順に食べていった方が安全です。高いものは、気どりすぎて、得体が知れない。安いものはわりとおなじみのものが多く、口にも馴れているせいか、かえっておいしいと思っちゃう。

外国へ行った時、気取ンないで、安いものをどうぞ召し上がれ。

ハワイに一年間いた時は、ずい分、むこうの人とも仲良くなり〝ルアウパーテー〟という、ハワイ原住民には重要なパーテーにもよばれました。ところが食べるものが日本食はもちろん、普通の西洋料理とも違い、馴れないものをいただくって勇気のいることです。

まず豚の丸やき。これは豚一匹、お腹の臓物を出し、石を入れ、バナナの葉でつつみ、土の中で一晩、むし焼きにするのです。さつま芋やバナナもお腹ン中に入れておきます。さて土から出すと、豚ちゃんは灰だらけ、それをはたきながら、食べるンですが、肉は、コンビーフのように柔らかく、とろけるおいしさ、グロテスクなおもかげも忘れて食べましたけれど、そのカッコの悪さに挑戦すンのは〝エイーヤッ〟と清水の舞台からとびおりる覚悟がいりましたよ。

また、紫色のドロドロとした、のり状の〝ポイ〟っていうのも大事なゴチソー、これが味があるんだか、ないのかヘンテコリンで、要勇気の部です。

ロミサーモンといって鮭を四角切り（さいころみたいに）にし、玉ねぎの入った酢の中で泳いでるみたいなのもあります。これもくせのつよい料理でした。まっ白なココナップチングも気味悪く感じてしまうありさま。でも、せっかく好意をよせて、お招きして下さったのです。アドは大、大勇気をふるい、ニコニコと、おいちい、おいちいといただきました。これがエチケットだ、と小さな外交官になったつもりでした。

話はちょっとそれますが、ある時、銀座の地下鉄の駅で〝この地下鉄にのって、終点まで行ってみたい。いろンな線の終点まで、みんな行ってみたい。どうしたらいいか〟なんてヘンテコリンなことをきく外国人がいました。それが縁でお友達になったこのアメリカの計理士さんミスタージェリーは、納豆でも、いかでも、なんでも食べちゃうのだ。ごはんに、みょうがをきざみこんだ納豆をかけて、とてもオイシイ、なんて言うので、みんなびっくり。お箸を使い、みそ汁をのみ、おこうこを食べ、ホントに日本人以上に、伝統的日本食を、オイシイといって食べるのです。とやっぱり、うれしくなるのが人情。〝郷に入っては郷に従え〟という昔の諺、ホントですね。

さてお話、もとにもどりまして、日本の国はおいしいもののたくさんあるトコです。だから、どこがうまいかという問題になると、そのヒト、そのヒトの好みがあると思う。アドが好きなのはオードブルで、横浜元町の〝キャプテン〟のものがとても気に入ってます。一口で食べられる小さいお料理に、いろンな細工がしてある。かわいいし、おいしいしロマンチックでもあるし、ことに貝類を細工してあるのなんか、メがないのだ。

TBS会館の地下にあるトップスの〝ヴィシーソワーズ〟という冷たいスープが好きで、TBSに行けば必ず寄って注文する。普通これは夏しかないものなのに、このトップスは、うれしいことに一年中、作っているのです。白いきれいなスープの上に、コンソメの煮こごりみたいのがちらばっている、それをまぜながら食べる。一杯、もう一杯ってことにいつもなっちゃうのだ。しかも、値段が手ごろというのもステキ。コーヒーのむ代わりにのんじゃうのだ。

好物だーというものはいくらあってもいいけれど、嫌いなものはなくしちゃうに限る。嫌いなものが多いと、食べるってコトの愉しみはへっちまうのだ。なんでもおいしがって食べるってのは〝平和外交〟みたいなもンです。お招きをうけて、これもきらい、これも食べられないっていうンじゃあ、失礼ですからネ。ホイから、健康の上にも、なんでもマンベンなく食べるってことが一番いいのだ。

〝ゲテモノ〟まで手を出さなくてもいいけれど、くわずぎらいってなことはないようにして下さい。と、ついでにアドバイスを一言いわせてくりゃれ。

アドがチャカチャカ作っちゃう好物

かんたんなものばっかしです。
おためし下さい。

アドが作るンですからメンドーなものなどありません。パッパッパアと出来ちまうものばっかり。早くできておいしい。参考になるかも——。

●あさりのおつゆ

貝類が好きですから、貝と名のつくものには〝メがないのダー〟（どうしてとってもすきなことメがないって言うんでしょうネ、あんまし嬉しくってメを細めるから、メがなくなっちゃうっていうのかしら、いつも気になるのだ）。

なぜあさりかっていうと、蛤がすこし高級だし、しじみは小さくて、みをつまむのが大変。で中間のあさりを、トップにあげるわけ。蛤だって、しじみだって好きです。

それにあさりってちょっと、いきな感じしませんか。あさりのどんぶりものを深川丼といって、戦前は、東京の下町の食堂のメニューにあったそうです。

清汁（すましじる）でもみそ汁にしてもどっちでもいいけど、やっぱし、おすましの方があさりらしいです。さっぱりして潮の匂いがして——ところがこのごろ、ぜんぜん潮の匂いなんかしないヘンなあさりもあるから、ヤンなっちゃう。とりたてで砂じゃりじゃりってのもガックリ。あさりをよく洗い、砂出しをしておいて、煮立てて、お塩としょうゆたらり。これだけでいいのだから、五分くらいで出来ちまう。

●あさりのバター炒め

潮干狩りのおみやげだなんて、あさりをたくさんいただいた時、おつゆでは食べ切れません。そんな時、作ります。よく砂出し（塩をたくさん入れた水につけ、金物を入れとくと、よく砂を吐きます）し、洗って、フライパンにバターをとかしてその上にのせて熱する（フタをした方がいい）。貝のフタがあいたら、塩、コショー、人によっては粉チーズ、パセリのみじん切りをふっておしまい。これも五分くらいで出来ちまう。

●じゃが芋、かぼちゃのみそ汁

アドはレッキとした〝女〟だけど、どうも澱粉質（でんぷんしつ）のものはあまりすきではないのです。だから、女の子、イクォール焼き芋、なんて公式からは、はずれちまう。だけどどういうわけか、じゃが芋とかぼちゃのみそ汁は好き。あんまし〝み〟はたべないでおつゆをのむ。じゃが芋や、かぼちゃの味とみそ汁ってとても合うみたい。みそ汁の味がグンと冴えちゃう。

●かぼちゃの揚げもの

かぼちゃのみそ汁を出したついでに、かぼちゃの精進あげ。これもなぜか煮たのは魅力ゼロなのに、天プラにしたのは好き。

●かぶのみそ汁

みそ汁の実でにおいがよくてグーなのが、かぶです。かぶは煮すぎないこと。ぐちゃぐちゃになったらパアー。かつぶしのだしがよくきいた、さっぱりしたみそ汁に。みは白く、葉は青いかぶの浮いている朝のみそ汁って、とってもスガスガしい感じ。

●納豆、生玉子

これは調理する必要がないのですから、一番かんたん。納豆はかつぶしをかけたり、みょうがのある夏は、それをきざんでまぜたりするけれど、なにも入れなくたって好き。納豆が残ったら、おろし大根とまぜて食べると、残りものって感じしなくてサイコーです。ためしてみてください。

生玉子っていうと思い出すことがある。映画〝犬神家の一族〟ン中で、坂口良子チャン扮する宿の女中サンが、石坂浩二サン扮する金田一サンにちょっとホの字で、お食事も念を入れたらしいンですね。

坂口「ウワー、みんなあがりましたネ。おいしかった?」

石坂「ああとっても……」

坂口「みんな私が作ったンですヨ。なにが一番おいしかった?」

石坂「生タマゴ」

坂口「ウンマー!!!」

このシーンのおかしかったこと。生タマゴは料理に入りませんものネ。ところが、アドも金田一探偵のごとく、生タマゴファン。なまじっかのものより生タマゴ!です。舌のやけそうな熱いゴハンにおしょうゆたらした生タマゴをかけてたべる。ふとっちゃうナーって、心の片隅でちょっぴり心配しながら。

●プレンオムレツ&玉子焼きプラス目玉焼き

玉子料理なら、もっとも原形、プリミチブな、なんにも入れないオムレツか、これまたなんにも入れない玉子焼き、さらにそのまンまの目玉焼きが好き。オムレツをふわふわって柔らかく焼くのは意外とむずかしいです。玉子二個を油(バターでもいいのヨ)をよくしいたフライパンに、といてから入れ、手早く焼き上がってくる所から寄せて、まだ、ぶちゅ、ブチュってやけない所の残っているうちに火を止めて、形をとのえるといいみたい。玉子焼きの方は、ほんの少し甘味をつける。みりんか、砂糖を入れて焼く(料理屋さんのだし巻きとは違うのです)。甘いとこげやすいから注意して。どれもこれも五分とかからないものばっかしです。

●ツナサンドイッチ

フランスパンにツナをはさんだサンドイッチが大好物。ツナはキャベツ、きうりもすこし入れマヨネーズ味のもの。

ツナ(マグロのフレークのこと)のかんづめを切って、中から〝み〟を出す。キャベツ、きうりをきざんでもんでおく。両者合わせてマヨネーズ、塩、コショーで味つけ。パンにはさむ。パンにバター、ときがらしをつけてもつけなくても自由。アドはからしは苦手。

ツナのかんづめ半分でサンドイッチ作ってお弁当にして、残りの半分は、また同じに使ってもいいし、夜、炒めものに入れたっていいでしょ。

●バタピーナッツとマーマレードのサンド

パンにバタピーとマーマレードぬるだけで、とてもおいしい。バタピーや、マーマレードがあればぜひためしてみて下ちゃい。

●うどのサラダ

アドの住んでいる〝むさしの〟はうどの産地です。今は家がたったり、駐車場になってしまった土地にかつて（と言ってもそう昔ではないのだ―）うどの畑があって、一度、うすくらやみのトンネル状のうど畑に、うどがびっしりと生えているのを見、その美しさにボーゼンとしてしまった。白く紫味のかかった〝うど〟は芸術品みたいにみえたのです。

その畑からとりたての柔らかいうどを、皮をむき、タンザクに切って、うすい塩水にちょっとつけ、水気を切って、フレンチドレッシングをかけてたべる、またはあえる、それだけなのですが、その歯ざわり、風味の良さ、バツグンのバツグン。ただし、うどが古くなったり、季節はずれのものは固くて、あくが強くてダメです。冬から早春のころがサイコーです。

●春雨サラダ

春雨がとても好き。はるさめって名前もステキだし、なにしろおいしい。春雨を使う時、中国製のものの方が味がいいンですヨ。だから、デパートなんかの中国物産展みたいなトコでかっておくと、安くてたくさんあって使い手があります。

はるさめの困ることは、乾燥している時、バリバリしていてちょっと扱いにくいこと。折れないから、包丁とかはさみで、てきとうな長さにちょん切って、それからお水にしたしといて、熱湯でさっとゆでる。それをざるにあげ、水を通して冷ましてから、さらに短く切る。あとはサラダの作り方のところで書いておきました通り、好きな材料と合わせ、好きな〝タレ〟を使います。マヨネーズ、フレンチソース、中華酢などなど、アドははるさめの時は、ごま油のちょっと入った中華っぽいサラダが一番好き。

はるさめは、椎たけ、白菜、干しえび（中華料理用の方が味がずっとよい）の炒めたのと合わせてスープにしたのもトレビアンです。中国製のはるさめは煮てもとけません。柔らかくて、そいでしこしこしていて〝メン類〟とは違った風味がバツグン。

●すき焼きの白たき

すき焼きの中の白たきの煮たのが大好き。どんな上等な牛肉より白たきの方がいい。白たきだけ牛肉と煮てたべることもあるけれど、同じみたいなくせに、すき焼きの方がずーっとおいしいのはどうしてでしょうか。

このごろは白たきを、そのままおでんに入れて煮こんで食べます。信田巻とか言って、おあげの中に白たき入れて煮こむのもありますけど、あげが邪魔ってわけで、白たきだけをこんにゃくみたいに入れちゃうンです。

●こんにゃく

こんにゃくの甘辛く煮たのも、時々とても食べたくなる。こんにゃくのさしみやみそおでんもあるけれど、アドはおしょうゆで煮しめたのが好き。

●おとうふいろいろ

おとうふも日本の味、スバラシイ素朴な味。だからやっぱり、あんまし手を加えない方がずーっと味が生きる（てことは料理しないで済むってことだドー）。

冬の湯どうふ、夏の冷奴、いいナー（このごろ外国に行くのがメンドーって気がしてあんまし乗り気にならないの。もしかするとあっちには、トーフやコンニャクがないからかも……）。

湯どうふの時、お鍋に敷く昆布はなるべくいいのがいい。たらを入れたり、ねぎ入れたりすることもありますが、アドはおとうふ専門。薬味も、きざみねぎと、おかか（ぜいたくを言わせてもらえば、かつぶしは、ゴリゴリと、たべる直前にけずったのが、なんたって匂いがあっておいしい）があればいいンです。

冷奴の時は夏ですから、薬味に、青じそとか、みょうがが参加するわけ。氷をうかしてよく冷やして……食欲が出て来ちゃう。マーボどうふなんて魅力ない。

でもアドの好きなものって栄養不良になりそうって感じネ。

アドの一週間のお献立というのを、ある週刊誌にたのまれて出しました時、エライ、

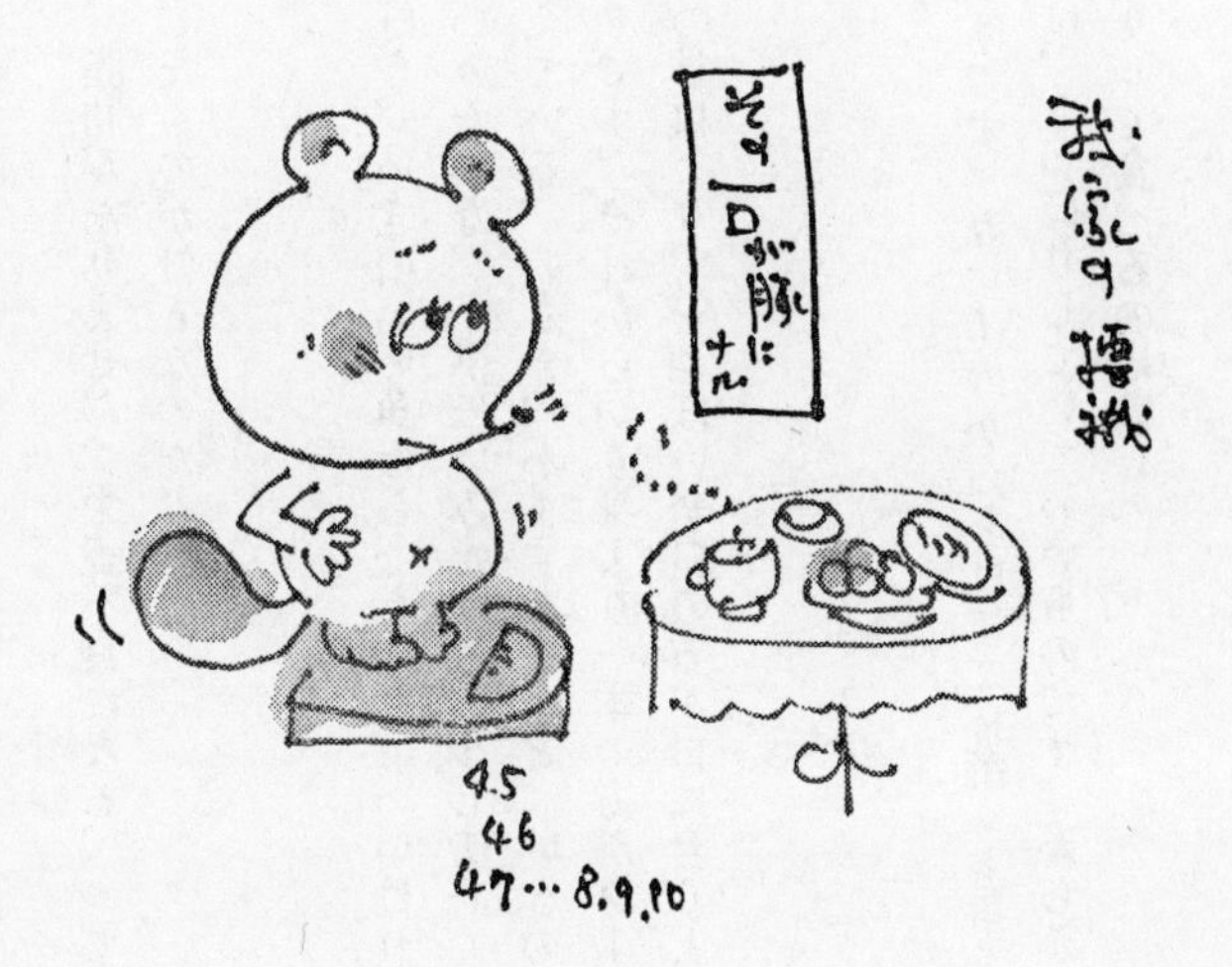
我家の標識
その一
45
46
47…8.9.10

栄養学のセンセイ曰、脂肪がたりません、栄養不良になる、って。だけど、さっぱりしたものが好きなのだ。

●焼魚

魚は塩焼きが一番好き。いきのいい魚ならなんだっていいけれど、鯛の塩焼きが好きなのは、おめでたいみたいな、子供ぽいみたいな、少しテレくさい。あじもおいしい。あじは干物がこえている。いさき、かますなどなど、いきのいいので勝負。トロンとして来たらアウトです。それから切り身より一本の方がグー。鮭は塩のつよい塩鮭が好きです。上等の甘口より、安っぽい辛口の方が口に合うとは、あんまし上等の口ではないのかも。

●からあげの魚

焼くつぎはからあげです。カレイのからあげに二杯酢（お酢としょうゆと合わせたもの）かけて食べるのは、さっぱりしていていいものです。からからによく揚げて、シッポやヒレをパリパリって食べるのは愉しみ。

〝かさご〟のからあげってとてもおいしいけれど、〝かさご〟は手に入りにくい魚ですから〝おはなし〟だけ。

●カツ

肉類の料理で一番の好みが〝カツ〟それも、厚いロースのところを、なんていうのではなく、わりかし薄い肉をカツにした方が好きなんですよ。よく揚げて、ジューとソースの音をたてて、キャベツもモリモリと食べてというの。一見、安っぽそうに作った自家製が最高にスキ。

●パセリ入りチャーハン

おひるはパンの時が多いけれど、ゴハンのたくさん残っている時など、焼めしを作ります。焼めしは自信がある料理のトップクラスです。バターをとかし、サラダオイルもちょいと入れ、そこへ冷やめしを入れて、おしゃもで、さくさくと切るように炒める。これ、あまりかきまぜると、ごはんにねばりが出てまずい。よく火が通ったら、塩、コショー、調味料で味をととのえ、火を止める直前に、きざみパセリを入れる。

グリンの色は冴え、パセリの香りがたち、ステキなチャーハンです。ぜひぜひやってみて下さい。

●トーガン（冬瓜）

南の瓜が、かぼちゃだから、北の瓜ってかけばいいのに、なんてヨケーなこと考えちゃう。冬の瓜って書いてトーガンてよむンだってンだから昔のヒトっていい加減というか、無責任てかんじ。

このトーガン、知らないヒトが多いのはかなしい。アドは大好きなのだ。夏になると、青いスイカのできそこないみたいなトーガンの顔を八百屋サンでみると、ヤッホーです。八百屋サンもよく知っていて、〝アドチャン、トーガン入ったヨー〟て声をかけてくれる。その時、若い人がびっくらして〝トーガンてなあにー〟ときくと、八百屋のアンチャン答えていわく〝トーガンのことならアドチャンにきいてみなー〟。

中華料理にも使うそうですが、アドの好きな食べ方は、うちで吉野汁といってる調理法。

まずトーガンの皮をむき、白い実を、わりかし大きめに切ってゆでる（サッとでいい）。一方、おかか、煮干し、だし昆布など使ってだし汁を作る。トーガンてホントに汚れをしらない幼子のよう、なんていわれちゃうほど味のないものなのです。だから、だしがおいしいと、それで煮たトーガンもウァハッハアとなっちゃうしかけ。

だし汁におしょうゆとみりんかお酒を少々入れ、最後に片栗粉を水でといたのを流しこみ、とろりとさせる。おしょうゆの味はあんまり濃いとトーガンの風味がなくなっちゃう。だから塩をすこし入れて、おすましの濃いのくらいにして下さい。やわらかくて、なんともいえないオツな味。

椎たけ入れたり、鶏肉のそぼろあんかけをかけたり、てな方法もあるけれど、吉野汁仕立てがサイコー。

●トーガンととうふの雷汁

これも夏バテにいいおつゆです。トーガンは小さく切って、お鍋に油を入れて炒める。そこにとうふ一丁、切らずにぶちこんじゃう。それこそ〝かみなり様〟がいらっしゃったみたいに、スゴイ音を立てる。そいで、かみなり汁っていうンだそう。

かきまわせばおとうふはてきとうにくずれます。お水をさし、調味料、塩、しょうゆを入れ、でき上がり。食べる時、きざみねぎとか七味唐辛子をふりかけ、アツアツ、なんて汗をながして食べる。

じゃんぷ

ジャンプは応用編です。〝応用〟とはフリースタイルで、つまり自由ってコトです。あなたのセンスと腕と頭のみせどころってわけ。

ある時、八百屋サンの店先で、まっかなトマトをみつけた。と、あなたの頭ン中で、火花がパチパチととんで、スラバヤシイインスピレーションが走って、一時間後に、トマトはステキな料理に変身して食卓にあらわれた。シンデレラちゃんがかぼちゃの馬車にのって王子様の所へ、エレガントなプリンセスになってあらわれたように。

ある時は、肉屋さんのショーウインドーの中にショボクレていた安い輸入牛が、高級ポイ、ビーフステーキに変身した――。

てなコトはみんな、応用力、腕次第なのだ!!! 材料を上手に活かして使うことかも。

劇画や、漫画の世界にだけしかヘンシン？はないのだと思ってはいけない。台所で、ヘンシンの術を使っちゃおう。

一人暮らしの台所アラカルト

楽しいクッキングのための道具、
食卓に花をそえる小道具、
一人暮らしのメニューや保存食など。

〝天は二物を与えず〟っていう古い諺がありますが、これ全くホント、二ついいことなんてメッタにないことです。こちらがよければあちらが悪い。やっぱり神サマってのは公平なのでしょう。一人のヒトにいい思いばかりさせるなんてことはなちゃらない。

だから〝一人暮らし〟もそうなんです。誰にも拘束されず、自由だ。時間を自分の思う通りに使える。ロマンチックな夢も無限にひろがって一人暮らしはバラ色です。ところがそういいコトばっかしではないわけで、病気の時の心細さ、病気になったらどうしようという不安、寒い冬の夜、あらしの日、憂鬱な長雨、一人ではわびしく淋しくなっちまう。

もともとヒトって、人と人が交わってこそヒトの価値が活かされるもンでして、社会生活のないヒトはヒトでないとか（わかんないコト、言ってるでしょ。アドもよくは判ンない。でもそうなんだって、エライ学者センセイが言っているのだー）。

この原則から言って一人暮らしは人間の本来の生活ではないのでしょう。

だいぶ横道それちゃったけど、そういう問題の多い〝一人暮らし〟を今はあなたはしていらっしゃる。それは素敵な未来のための夢のある一人暮らしなのでしょう。

それで、〝一人暮らし〟をわびしくしない一つの方法としても、アドは〝台所生活強化〟を申ち上げる。一人だからメンドーくさいなんて怠け者の言い草にサヨナラして、マメに、一人だからこそ、自由に使える時間をフルに使って、楽しいクッキングをしようではありませんか。とにかく〝やろう〟と自分が思わなければ、針一本、糸くずチョットだって動かないということをお忘れなく。

A　楽しい台所をするための道具

やっぱり最低でも道具は必要です。このごろは電気器具の台所用品など、買い出したら切りなくある。だけど置く場所のことを考えれば、無闇に買いこむと大変だドー。自分たちの台所にはどのくらいものがおけるかってよくしらべること、棚を上手に使うこと、とにかく収納処理（しまい場所）を設備することが先決です。ゴチャゴチャしていてはみた目もだらしないし、使いにくくて、とても楽しいクッキングとはいかなくなっちまうドー。

♠鍋など台所で使うものについて

鍋、かまは調理の大もと、使いやすいものを揃えて下さい。最少限度の鍋、かまは、デザインの凝ったのとか、高級鍋より、従来のものがいいです。鍋は大、中、小と三つあれば、お客様の時も安心。しまうのも大きい鍋に重ねてしまえて便利。むし器は、特に買わなくても、お鍋の大きさに合わせて中じきを買っておけば大丈夫。浅い鍋より深い鍋の方が便利。

天プラ鍋も底の深いものを。中華鍋だと炒めものも兼用できます。フライパンは中一つ。

おかまはガス釜でも、電気釜でもお好きなのを。

以上最低限度これだけはそなえておいて下さい。

トースターをオーブン式のにしておきますと、ホットドッグもつくれるし、ものを温めるのにも使えて便利です。

まな板は邪魔にならない範囲で、できるだけ大きい方がいろいろ使えます(大は小をかねるといいますし)。

ホーチョーは一本ならステンレスの文化包丁というのがさびなくて手ごろでしょう。ざるも大中小三つくらいはあった方がいい。まぜたりこねたりのボールは金属性、またはホーローびきのものがいいです。これも二つは用意すること。

ふきんはよく洗い出し、かつ、わりにひんぱんに取りかえること。清潔第一ですから。

おしゃもじ類の小道具はデパートなどで眺めて、これ私の作るお料理で、しばしば使うなーと思うものを買って下さい。

♠茶わん・皿類

こういうものは凝りだしたらきりのないものだし、またとっても愉しいものなんです。どんな上手に出来た料理も、あんまし、ヘナチョコリンの食器に入れるとミリキは半減。ホントにまずいみたいな感じになっちまう。その反対に食器にたすけられるっていうのも事実であーる。みなちゃま、食器の中にあなたの個性をどうぞ。

大皿があるとパーテーにとってもいいけれど、一人暮らしでは普段はまったく使わない。だから、パーテーの時は、お盆にアルミ箔、ざるに半紙、またはアルミ箔を敷いて使うとステキ。その代わり中皿はおおめに用意しておくと便利ヨ。使い道がたくさんあンのだ。受け皿にも使えるし、茶わんのたりない時は、ごはんもよそえるし、ケーキ皿、フルーツ皿なんでもこいです。

B　食卓に花をそえる小道具

宇宙カプセルで結構だ、死ななきゃいいのだ、なんていうヒトには、馬の耳に念仏、豚に真珠みたいなもので、そんなこと命にかかわりないなんてうそぶかれちゃうでしょうが、生活を愉しむヒトは、いつまでも心につやを失いたくないヒトは、食べることのムード作りを心がけてほしいのです。ほんのちょっとした心づかいでいい感じになるのです。

たとえば紙ナプキンのたぐい。

カラーの美しい紙ナプキン、しゃれたデザインの紙ナプキンといろいろあるでしょ。これをひまな時、丹念にえらんですこし買っておく。そしてパンを出す時、ケーキを出す時コップの下敷に、と多彩に使いこなして下さい。お客様は一流のもてなしをうけた気になるし、自分だって愉しめます。

日本の国は包装紙をひどく凝る習慣があるでしょ。で、すててしまうのもったいないようなきれいなのや、ステキなのにぶつかったら、それを適当に切って使ったっていい。また箸袋を作ったりしてもトレビアン！

お手ふき、お膳ふきんはいいものを使うとゆたかな感じがするものです。

フルーツなんかの場合は木の葉を敷いたっていいンですよ。花屋さんに行って、頭がおれてすてられている花をみたらもらってきて、お皿にうかすと、立派な飾りになる。

自主的に、自分の頭を使って生活していないと、さみしーいてなことになるのだドー。

ではいよいよ本番。

C　一人暮らしのメニュー

一人暮らしでみなちゃまが困っちゃうことは、このごろパックして売っているものが多いので、一つの材料を買うと、一回では使い切れないという悩み。新鮮なお野菜食べたいのに、まだ冷蔵庫ン中にいらっしゃるきうりサンをいただかなくてはならない。

そこでメニューも一つの材料を変わった形で食べちまうことを考えましょ。最近はそれでも、少量のものもでてきたし、半斤のパンを焼いているお店もアドはみつけましたよ。野菜も、おひまな時、たんねんに近所を歩いてみて下さい。バラ売りする店も必ずあるはずです。

早く処分しないと困るもののトップは、菜っぱ類です。そこで……。

♠ほうれん草

半把うりする店はまずないから一把を二回でたべる予定をたてる。

♧おしたし（ゆでてかつぶしをかけるだけ）。

♧バター炒め（バターをフライパンでとかして生のほうれん草をいれる）。

♧玉子とじ（さっとゆでて、煮汁に入れ、とき玉子を入れる）。

♧野菜炒め（ほかの野菜も入れて炒める）。

調理法をかえれば、二回続いてもあきません。

♠ごはん

一回ずつたくとあまり少なくてまずいと悩む方もいる。そいでこのごろ、おむすび買って帰るヒトもふえているとか。

夏はダメだけれど、ほかのシーズンは二回分ぐらい一緒にたいて、その日のうちなら、おひやでいいし、固くなったらチャーハンとか別の項で書きました、むらくもごはん、むしごはんに生玉子としょうゆをかけるというような手がある。

梅干入り塩むすびを作っておいて食べる時、焼いて焼きおむすびもいい。

玉子雑炊とか、すこし手をかけた〝おかゆさん〟も冬はいいナー。

♠大根、白菜、キャベツ、かぶ

こういう野菜も一個、または半個買って来ても食べ切れない。キャベツや白菜は冷蔵庫に入れて保存し、いつでも使用できるようにして準備してあると便利なヤサイです（たとえばインスタントラーメンに入れるなど）。さむい冬は台所に出しっぱなしでも長く持ちます。

大根、かぶは放っておくと〝す〟ができるというメンドーなことがあるから、なるべく早目に使っちゃうこと（大根はおろしにして食べると健康によく、メン類の薬味にもよく、生食の上々の部の存在です、いつも大根はあった方がいいくらい）。

それにしても冬場の大きな大根サンは一人暮らしには手ごたえあります。

♡**大根**

。おでんに入れる。

。半月に切ってあげと煮る。

。千六本に切ってなますにする（酢のもののこと）。

。みそ汁の実に使う。

○早漬け。千六本に切って、葉っぱのとこもきざんで青味にすこし入れ、塩でしなわせ、水洗いし、そのまま食べて〝グー〟という塩加減にして、上からやかんかビンで重しをして食べる、つまり早漬けです。これはなかなかおいしくて、しつこいおかずのあと、早づけの大根塩づけでごはんを食べると、ハイおかわりてなことになる危険があるのだ!!!（だってふとっちゃいやなんでしょ）以上、あれこれ使えばなくなります。

♡かぶ

○酢のもの（うすく切るのと、まるのまま菊花づけにするのとあり、甘酢が似合う）。
○シチュー（シチューに入れるとトロトロと柔らかく、ホワイトソースでも、ボルシチ〔トマト味のシチュー〕でもどちらでもオーケー。アドはホワイトシチューに入った〝おかぶサン〟大好物）。
○おみそ汁の実。
○煮もの。
○鍋ものに入れる。
○大根と同じ要領でうすく切り、ハッパの部分も入れて（これは2センチくらいの長さがいい）早づけのお新香。ウマイウマイ!!!

♡キャベツ、白菜

これは、分量を水ましするのに都合のいい野菜です。トンカツが小さかったらきざみキャベツをたくさんつけてソースをかけてパリパリ。一個のインスタントラーメンを二人で食べる時もキャベツ、白菜をたくさん入れるとふえる。鍋ものの時も、突然、とび入りのお客サンがあったら、白菜を入れる。キャベツと白菜はそういう使い方をしても邪魔にならない、いいヤサイサンです。ですからいつも台所においとくと便利。塩もみすればお新香にもなるし、ゆでてからしじょうゆで食べればオツだし、応用性があるってわけです。

D 一人暮らしのための保存食

いざ天災という時のために保存食を用意しておくのは常識。ですから、これは特に一人ってことにこだわることはありません。で、保存するものはっていうと、これも常識、かんづめ。このかんづめの中で日常生活に役立つものをあげてみましょ。料理をぐっとステキにするものとして。

♠ぎんなん、マッシュルームのかんづめ

別記のようにぎんなんさえあれば、かんたんに茶わんむしのおいしいのができちゃうのだ。マッシュルームは炒めものに顔をだすと、とたんに〝高級〟ってことになる。

♠フルーツのかんづめ

フルーツのかんづめをあけて、ワインを入れ、蜜または砂糖と、氷と、生のフルーツもきざんで加えればフルーツポンチの出来上がり。フルーツポンチっていつ食べてもおいしいし、夢のある食べものネ。フルーツかんづめの特売の時、二、三買っておくといいのだ!!!

♠ツナのかんづめ

マグロのフレーク（油づけ）のこと。これ絶対必要。サンドイッチに、サラダにこのごろ〝ツナ〟は顔役です。小さいかんづめも出ましたヨ。

以上特選ものです。これ以外のものだってあって困るものでは決してありません。急場に役立って保存がきいて活用の道は大きい。ひまな時、かんづめコーナーを歩いて、研究してみて下さい。このごろ素材かんづめといって材料用のものもあります。あってわるくはないけれど、大きくて場所をとるから一人暮らしにはいらないでしょう。

E　きょうは仲間とパーテーだ!!!

パーテー用の料理は、かんたんで視覚的で、安くできて、おいしいこと。

*ミックスサラダ

火を使わず、ホーチョー一本でできちゃうのを紹介しましょう。大きなお盆、箱のふたでもいいのですが、アルミ箔をぴっしりとすき間なく敷いて下さい。

。レタス、サラダ菜を敷く。

○きうり、セロリーをステッキ風に切ってちらばす。
○トマトをまん中に一つデデンと。
○生のパインナップルを皮をむいて、食べやすい大きさに切って、これまた、ちらばす。
○サラミソーセージ（セミサラミの方がいい）ハムも2ミリぐらいに切ってちらばす。
○コンビーフのかんをあけ、ハムに合わせた大きさに切ってちらばす。
○キューイを輪切りにしてかざる。
○苺のある時は、洗ってへただけとってちらす。ルビーのようにかわいく、キレイだ。
○チーズをステッキ状に切ってちらす。

というぐあいに順々に盛りつけていく。

パクつく時は、塩、マヨネーズをめいめいが自分のお皿にとってから、かけて食べればいいわけ。火を使うもの一つ入れるとすれば、うずらの玉子をゆでて皮をむき〝参加〟させると一段と冴える。

このミックスサラダは一皿あればあとはなにもなくてもいい。野菜、フルーツ、肉類とみんな揃っちゃってるからだ。

これ、一人で材料あつめるとちょっとお金がかかるから参加する人がそれぞれ分担するといいですよ。

この一皿にごはんをたいて、小さいおむすびたくさん作ってそえておけば、ちょっとしゃれたパーテーです（もちろん、おすしを買う、サンドイッチを買うという手はありますが、ここでは、あまりお金をかけないで作ることを目的としているから、あえておむすびを提案したのであるゾー）。

＊おでんパーテー

まず大きなお鍋、またはお釜を知人から借りるヒトが必要。

入れものが都合ついたらオーケー。仲間と相談して、会費によっておでんのなかみを加減する。お金のない時は、大根、こんにゃく、ちくわぶを多くする。予算がたくさんあったら、さつまあげ類に凝って下さい。だしは別記でのべたよう、昆布を一緒に煮こめばいい味になります。大根、こんにゃく、ちくわぶは一度ゆでてから使うこと、からしを添えるの忘れないコト。

一日前ぐらいから煮こんでおく方が味がしみていいこと。ごはんはおしょうゆを入れて炊く、茶飯（ちゃめし）にすること。こういうところがポイントです。

パーテーの前の日に、野菜ののこりで早づけお新香を作っておけば、ゆき届いてます。

*鍋ものパーテー

鍋ものはピンからキリまであって、牛肉の上等なのをたっぷり使うすきやきは、フトコロピイピイの時はダメ。寄せ鍋だって、白身の魚とか貝とかいいものばかり入れれば目だまがとび出すワ。

それでこれからふところ淋しい時の鍋ものを紹介します。

♠大根とひき肉のすきやき

大根を千六本に切って大丼とかボールに山もり入れてしょうゆをかけておく。あいびき、または牛ひき肉を買い、きざみねぎを入れ、唐辛子をかけ、混ぜてから(玉子一個入れる方がよくまとまる)軽くこねておく。鍋にしょうゆ、みりん、砂糖で煮汁を作り、煮たてたところへひき肉をスプーンですくって鍋におとす(ひらべったくした方が煮えやすい)。そして大根も入れ、あまり煮すぎないうちに食べる。七味唐辛子をふると冴えます。大根と牛ひき、またはあいびき肉で出来るから安上がりです。大根のおいしい冬のシーズンに是非ためしてみてヨ。

♠水たき

水たきなんて言うとなんだろうと思っちゃうでしょ。これ、骨つきのとりのぶつ切りを入れた鍋のこと。

肉の中ではとりは安いから、いいかも。この調理法は、とりを、お米を一つかみぐらい入れた水でやわらかくゆでておくことなのです。そして、そのゆで汁を(お米をのぞいて）スープにして、白菜、おとうふ、白たきなどを入れて酢味のつけ汁で食べるンです。

　すると、とりの匂いも消え、すこし固いとりでもやわらかくなり、直接、なまのものをスープに入れるのとは全く違ういい味になっちまう。

　あすパーテーなんて日の前日、とりだけ米入り水でゆでとけば、かんたんでしょ。

　つけ汁はポン酢といってだいだいの果汁を入れるのが本格だけれど、レモンだってゆずだってかまわない。お酢だっていいンです。

　突然、参加メンバーがふえたり、とりを買うお金が不足がちの時は、豊橋ちくわと普通呼ばれているタイプのちくわを入れ、白菜をふやせば、〝さあどんどん来てー〟てことになっちまう。

♠材料もちよりの寄せ鍋

　寄せ鍋は材料をいろいろと寄せるんですから、材料を持ちよって作ると、思いがけない楽しい鍋ができちゃうかも。
♧魚――白身の魚ならなんでもいい。いかもいい。安いのなら〝たら〟。〝たい〟は高いドー。たらといかが一般的。

♧貝――かき、蛤など。蛤は殻つきのままがいいです（これもわりに高い）。

♧肉――とりです。

♧野菜――白菜、えのきだけ、大根、かぶ、人参、椎たけ、ボイルたけのこ、白たき（これ野菜かしら、まちがっていても、ちょっと入れさせてー）、春菊（入れたらすぐ食べること、入れっぱなしにすると、汁がきたなくなり、味がわるくなっちまう、あくのつよい野菜なンです）、三つ葉（すぐ食べること、三つ葉のクニャクニャなんて、みっともない!!!）。

♧その他――かまぼこ、ちくわ類、とうふ。

最後にうどんとかおもち、またはごはんを入れておじやにする。はーいこれで本日、打ち止めでーす、てこと。

まだ入れて良いものはありますし、地方の特産もので寄せ鍋むきの魚、野菜もあるはず、そこは適当に考えてネ。

材料いれるスープは本格的にやれば、昆布、かつぶし、とか、とりがらで作っておくものなのですが、最近は、だしの素やら、スープの素がありますから、これを使えばいいでしょう。塩、しょうゆの味はうす味ですヨ。

＊お好み焼きパーティー

お好み焼き、俗称ドンドン焼きって、女の子は誰でも好き。これ嫌いなヒトって、あまのじゃくだドー。

ベースになるメリケン粉があれば、あとはなんだって手当り次第ってトコが、親しみやすいトコかも。メリケン粉の中に玉子なんか入れちゃわない方が素朴で、ドンドン焼きの本来の姿みたい。だから入れるとしたら、一個ぐらいにして下さい。

メリケン粉を水でといて〝ぐ〟を入れて鉄板またはフライパンで焼けばいいんだから、かんたん。どんな〝ぐ〟を入れてもいいけれど、これだけは入れてもらいたいってのが二つあるんだー。それは紅生姜と青のり。お好み焼きって、上品ぶった作り方はダメー。

アドは干しえび、キャベツ、ねぎ、青のり、紅生姜が一番好き。

最後に、やきそばも用意しておいて、きざみキャベツなんか、たくさん入れて、ジイジャーとけたたましい音をさせちゃって、ソース、おしょうゆで味をつけ、やっぱりこれにも青のりと紅生姜をかけてたべる。下町の味です。

＊クレープパーティー

西洋のお好み焼きのこと。日本との違いはメリケン粉の中に牛乳、玉子を入れること。そして、皮は皮で単独で焼いちまう。お好み焼きみたいに〝ぐ〟をまぜるってなことはしない。そして焼き上がったクレープにジャムをのせ、くるくるって巻いてたべるンです。ですから、クレープの上にのせる〝ジャム〟をいろいろと工夫すると面白いものが出来ちまう。

♧ジャム、マーマレード。

♧野菜炒め。

♧ウインナーソーセージ（焼くか、ボイルしておくこと）

野菜やソーセージは〝ルール違反〟なのかも知れませんが、あまり甘いの好きではないって人のためにはいいと思います。

iso
iso
I like him

お好み焼き、クレープ、ミックスサラダなんか、突然お客様がドカドカっていらっしゃった時、手持ちの品で上手にごまかしてみて下ちゃい。

F　一人ぼっちの冬の夜長

寒い冬の夜
雪の降る夜
みぞれの降る夜
冬のわびしい雨の降る夜

一人でストーブの火をみつめていると、やっぱり心の中まで冬がしのびよって来るみたい。本もあきたし、テレビもきょうはみたいものもない、編みものもする気にンない。そんな夜、スープでも作ってみませんか。ストーブの火を使って。ゆっくりとよーく煮こんだスープは最高。

あなたが持っている一番大きなお鍋ン中に、じゃが芋、人参、玉ねぎを大きいまま入れちまう。ぐつぐつグツグツとゆっくり煮こめばいいのです。バターやチーズをたくさん使えば、お肉なんかいりません。野菜がとろとろになって来たら、塩、コショーだけの味でトレビアン。

でもロシヤ風のボルシチ仕立てにしたいヒトは、トマトピューレを入れればいいんだし(冬、なまのトマトは高くてもったいない)、牛乳入れてホワイトソース仕立てでもいいわけ。

キャベツを入れたり、かんづめのマッシュルームを入れたり、自由です。カリフラワーは、あまり早く入れすぎると、原形がなくなっちまう。捜索願いを出さなくっちゃあてなことになっちゃう。

お肉を入れる時は、牛、豚、とり、いずれの場合も別の鍋で炒めてから入れた方が味がいいです。

夜だけ使って二日がかり、三日がかりで、トロリ、トロリと舌がしびれちゃうのが出来たら、あなたの一番親しいヒトを招待して、パンの匂いがプンプンする、焼き立てのフランスパンをちぎり、ちぎり、スープをいただくとしよう。

G　アドベンチャークッキング

予定が狂って、ドドドーッと時間が余っちゃった時。
きょう一日、家にいてなにか作ってみたいなどと思っちゃった日。
普段は作るのを、御遠慮申しあげているようなお料理に挑戦してみて下さい。
名づけてアドベンチャークッキング。

●お手製がんもどき

材料

木綿とうふ一丁、人参、ゴボー、れんこん、ぎんなん（かんづめを使って下さい）、グリンピース、玉子、片栗粉（材料は無理に全部揃えることはない。ぎんなんはあった方がいい）

作り方

木綿どうふはよく水を切る（フキンでしぼった方がいい）。それに野菜をきざんで炒めたもの、ぎんなん、グリンピースを入れる。

それに玉子一個、片栗粉少々を加え、よくこねてから直径2センチくらいの団子にする。揚げ油を熱しておき、そこへ、この団子を、入れる前に手のひらで平たくしてから揚げるのです。この時、水気が多すぎると固まらず、おダンゴちゃんは油の中で空中分解ってことになっちまう。

なれれば、実にかんたんなことですが、空中分解する人が、意外に多いのヨ。どうも、ベチャベチャすると思ったら、味はすこしばっかしおちるけれど、片栗粉を余分に入れて〝くずれ〟を防ぐことです。

このあげたてを大根おろしと生じょうゆでたべても、ジャジャジャジャーン。砂糖もすこし入れうす味でゆっくり煮しめてたべても、ヤッホーなのだ（余分に作って、あげたてはおしょうゆをつけて、残ったのを煮ものにして、と二通りに使うのが一番いいかも）。

手製がんもは、今までの記録（オーバーないい方でーす）では男性にモテモテ。

●変わり玉子巻

オードブルにもいいし、お正月の伊達巻の代わりにもいい。おひな様のときもいいです。

材料

豚のひき肉（赤味のところをひいてもらって下さい）、玉子、グリンピース、ねぎ、生姜、椎たけ

作り方

一個の玉子で一枚のうす焼きを作っておく。

この一枚のうす焼き玉子に百グラムのひき肉（この中にグリンピース、きざみねぎ、生姜、椎たけが入っている）をのせて、ひらべったくのしておく。この時、うす焼きの上に、片栗粉をうすくぬっておくと玉子と〝ぐ〟がはずれない。あとはのり巻のやり方で巻いてゆく。巻き上がったらアルミ箔で、きゅっと巻きあげ、皿にのせ、むし器に

入れてむしあげればおしまい。二十分ぐらいむせばいいかしら。

アルミ箔をはがすと、ひき肉が鳴門巻みたいになっています。一センチぐらいに切って、サラダ菜敷いた皿にのせるとステキな中華のオードブルです。生姜の味がオツです。

◇　◇

夏向きの料理として、ゼラチン、または寒天を使うものを紹介しましょう。

●とうふ寒天（きれいな名前をつけてやって！）

材料

寒天一本、とうふ一丁

作り方

寒天を水洗いし、ちぎって、一合半のお水で煮たて、よごれをとり、固形スープを一個入れ、しょうゆまたは塩で味をととのえる。そこへおとうふをくずしてきれいに散らすのです。
固めて四角く切って、氷と一緒に器に入れ、薬味（きざみみょうが、青じそ、または
きざみねぎ、生姜のすったの）とおしょうゆで冷奴みたいに食べちまう。寒天の味付に
よっては、おしょうゆはつけなくてもいいかも。

**●とり肉のゼラチン固め（これもステキな名前考えて。たとえばジェリー・
ド・チキン　アラカルトてなぐあいに）**

材料

ゼラチン（ゼラチンパウダー二袋、一袋が五グラムです）、とりの手羽肉大一枚、マッ
シュルームかんづめ小一個、赤いよくうれたトマト中一個

作り方

ゼラチンは水でしめし、固形スープ一個をコップ一杯半ぐらいでといたのと合わせ、
煮立てさせないようにしてあたためとかします。

とり肉はさかむしがいいと思う。お皿にのせ、塩、コショー、お酒をかけてむす。

それを手でむしって、キレイなボールがあったらその中（なかったらお鍋でもどんぶりでもいい、あとで形がすっぽりと抜けやすいのがいい）にとり、うれたトマトの種をとってしまったものの輪切り、マッシュルーム（軽く炒めて塩、コショーしておいたもの）を重ねておいて、上からゼラチン入りスープをかけて冷蔵庫でひやす。

出来上がったら型から出してレタスでも敷いてのせる。まわりを氷でかざっておくとキャッホーだ。ホイでたべるときホーチョーでケーキを切るみたいに切るのだ。

これはゼラチンの量がもんだい。少なすぎると固まりにくいし、多すぎると、コチンコチン。柔らかい方がおいしいから、そこがモンダイだ。作って失敗したら、やなヤツにモッタイつけてたべさせてしまおう!!!　分量というのは標準をしるすのだが、トマトやとりの大きさとかいろんな事で額面通りにいかない。そこが頭の使いどころなんだ!!!

アドベンチャークッキングは、成功した時は親しい友を、失敗したら憎い奴を招待するつもりで作れば、またたのしいではないか、てな調子でリラックスしてやってね。

インスタント食品プラスアルファー

プラスアルファーとは残りものの
整理のことなのだ!!!
そいからインスタントものを
手作りポクみせちゃうマジックだ!!!

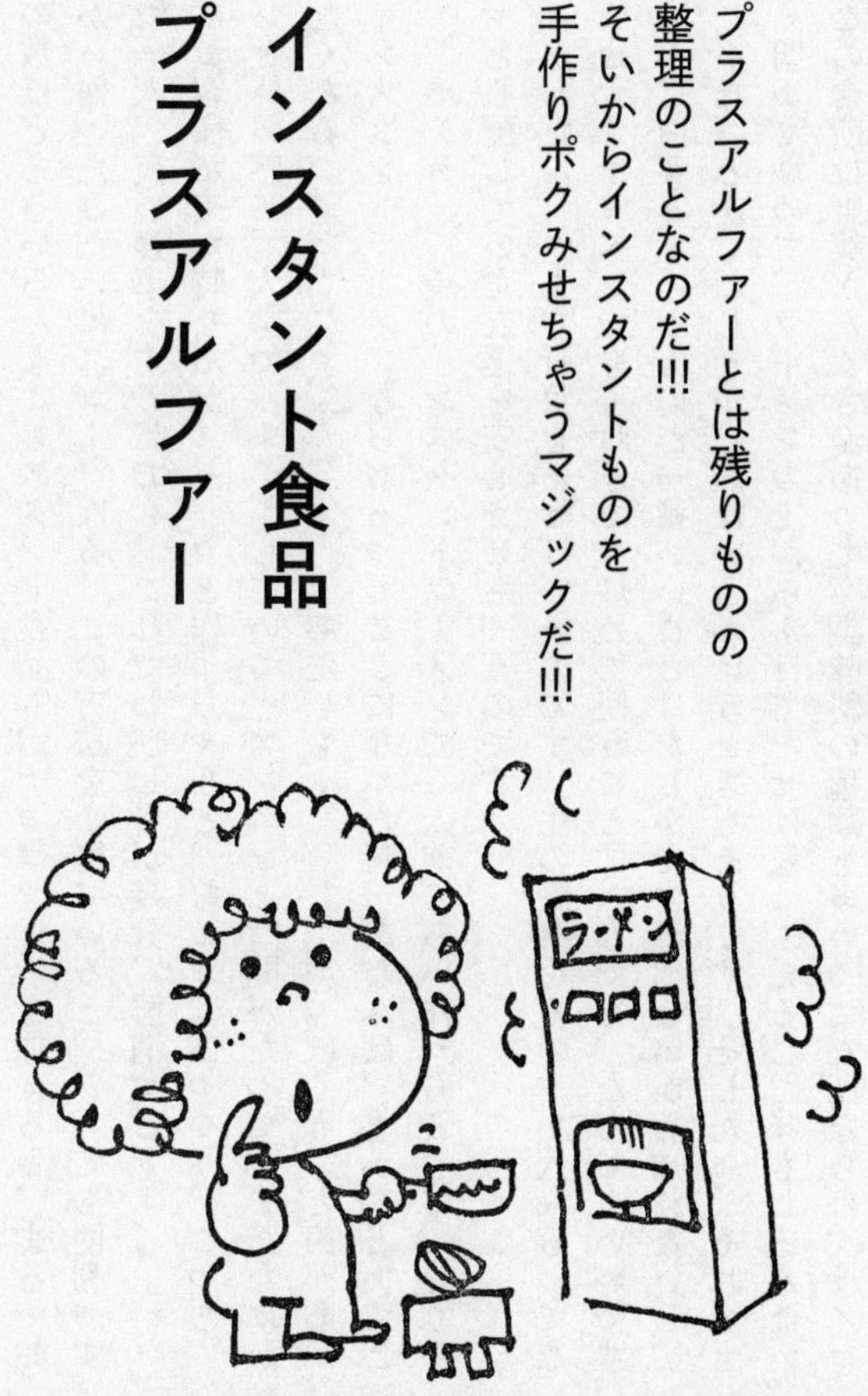

星の数ほどあるいろんなインスタント食品も、チョコッと手を加えると、まるで始めっから作ったみたいにスゴークなる。この方法を心得ていると、とっても便利です。自分で一人、夜の食事をする時でも、これでわびしさが幾分、解消するドー。

急にお客様が来た時なんか、パパッと作っちゃうと、むこう、びっくり、こっち、エヘンといい感じ。大勢でパーテーしていて、エンエンと時間がたって、またなにか食べたくなる。〃あーおなかすいたー〃〃あたしもー〃〃おれも〃〃ぼくも〃と声があがり、インスタントラーメンならあるってことになった時、あなたは、まかしといてと台所へ。ホシテ、一袋のインスタントラーメンで二人前ぐらい作っちゃって、たりないーッと心配していた友達を安心させちゃうのです。

これかんたん。つまり野菜をたせばいいのです。生の野菜をそのまま入れるってなことはせず、キャベツでも玉ねぎでも炒めて使うこと。人参でも、なんでもいいです。キャベツ、白菜みたいなものが一番いいことはたしかですが、ないかも知れないし、大根しかないとか、おじゃがしかないとかいうときもあります。そしたら、それでもうすく切って炒めて、ラーメンの上からかけてだせば量はふえるし、味もわるくない。

そこの台所は野菜がたくさんあって、調味料の種類も多いってな所ならば、サイコーにあなたの腕がみせられる。野菜そばか、タンメンかと思わせる出来上がり。ごま油をチョチョッとたらす。野菜は固めに炒めること。グニャグニャなんてカッコわるい。まさかあなたのお仲間に入歯のヒトなんかいるわけないでしょ。パリパリ、バリってキャベツのシンのとこでもかじっちゃうべし——です。

また玉子を一個ずつ落とすと、これデラックス。インスタントメン類は、プラスなまの材料によって、インスタントのわびしい面影なくなっちまう。上手に作ると、おそば屋さんのラーメンよりしこしこして

〝ぐ〟は新鮮で、しかもいっぱい入っているからおいしいのだ。二、三分の手間でみちがえてしまうのだから是非やってみて下さい。ラーメンにかぎらずうどん、そば、どれにでも適用可能なのだドー。

*加工品の冷凍もの

シューマイとかコロッケみたいなもののことです。

加工品というのは、一種特有のくせのある味のものが多いから、そのままいつもたべていると、厭になっちまうものです。そんな時、目先をかえて、ヘンシンをやらかすのです。

●揚げシューマイ

むすかわりに揚げる。そして酢とおしょうゆの半々ぐらいのたれにときからしなどきかせて、パクパクいたしますと、これまたいい味、別の味です。

●カレー煮

カレー粉の好きな人は、玉ねぎ、人参、じゃが芋と炒め煮して柔らかくしておく（炒めて、水を材料にかぶるくらいさして煮ることです）。それに揚げシューマイを入れ、カレーのルウを入れて煮あげるのです。これはおかずになりますね。豚肉の代わりにシューマイを使うわけです。

●野菜あんかけコロッケ

キャベツ、もやし、玉ねぎ（ピーマン、白菜、人参、さや、なんだっていいンですよ）を炒め、塩、コショーで味つけし、片栗粉を水でとき、出来上がった所へ入れてとろみをつける。これをコロッケにかけるというもンです。中華料理に鯉のまる揚げという料理あるでしょう、あれをヒントにしているのです。

このあんの味は、しょうゆをたらしてもいいし、カレー粉を入れてもいいし、ケチャップとか、トマトピューレでトマト味にしてもいい。それは各人の好みです。いろんな工夫してみて下さい。

この料理のコツは、野菜あんをたっぷりかけた方が、ボリュームもあるし、おかずにもなる。せっかく作ったのにチョッピリでは変わりばえがしません。

とにかくインスタント食品は、すこし手を加えると、お手製みたいになっちまうから工夫して、どうやって化かそうかやってみて……。

五目ずしのもとなんてありますね。あれに錦糸玉子をたくさん作って、すしでんぶ（桃色をしたでんぶです。つくだ煮を売っているお店にある）をかけその上に玉子をのせ、紅生姜をパラパラとのせたりする。三つ葉があったら、その葉のところをちょんぎってかざると、ピンク、黄、赤、みどりと、色彩ゆたかで美的感覚も上々。〝おいしそう〟という演出を考えて下さい。

このごろ演出ばかりうまくて、味は全然ダメなんてお店がよくあり、期待していたのでがっかりし、びっくりするような値段をふんだくるので、さらに頭に来ちゃう、なんてこともありますが、これは商売ヤの話。自家製ならば、味はいささかがっくりでも、おいしそうにと気をくばっている演出だけでも感謝。そしてその心がけは、必ず、その人の料理の腕をあげていくものなのだドー。

◇　　◇

たまには飲みもの、おやつにもふれてみましょ。

御家庭では九十パーセント、インスタントコーヒーを使っているでしょうね。そしてこのごろのものは、いい味です。

さてこのインスタントコーヒーを使って……。

●アイスクリームコーヒー

食事に手をかけなかった時は、気のきいたデザートでうめ合わせを。またはお茶に誘ってハイどうぞー。相手の人は思いがけないことなので、うれしがる事、確実です。甥っ子とか姪っ子があそびに来たなんて時出すと、オバサンの株があがる。

アイスクリームはお金の品うすの時は、一番やすいカップ入りヴァニラで大丈夫。お金持の時はいいものの方が、やっぱりおいしい。

インスタントコーヒーでコーヒーを作って氷を入れ、アイスコーヒーにする。それにアイスクリームを入れるだけ。氷は製氷室の使えばいいのだし、アイスクリームさえ買っておけばいつでも出来るのです。

●コーヒーゼリー

これ買うとわりに高い、作ると安い。ティーバッグぐらいの大きさのゼラチンパウダー一袋で二つは出来ちまうのです。ゼラチンを水でしめしておき、それに熱いインスタントコーヒーを入れ、冷蔵庫でひやせば、でき上がり。コーヒーゼリーって、お砂糖を入れて作ると味がおちる。甘味は砂糖を少量の水に入れ（砂糖がしめっているかんじ）、弱火にかけて蜜にしたものを上からかけて食べる方が数倍おいしいのです。コーヒーゼリーはアイスクリームコーヒーみたいにかんたんではないけれど、むずかしくは絶対ありませんヨ。

●クリームソーダ

アイスクリームコーヒーと同じ、これはタンサン入り清涼水にアイスクリームと氷を入れればいいのです。サイダーでもいい。

●氷あずき

あんこを買っておく。一方、一個五十円でカップ入りのかき氷をこのごろ売っていますでしょ。あれの、密が入っているだけの白いのがある。それを一個にあんこ少々を、ガラスの器にもりつけると、氷あずき一丁でき上がり。このごろ家庭用氷あずきのあずきというのを売っているお店もあります。このインスタント氷あずき、うちではとっても好評です。

ほかにもいろんな手があります。たとえば、みつ豆と氷で氷みつ豆、ワインと氷で氷ワイン。子供のいるおうちでかき氷を作る道具のある家はカップの氷を買わなくてもいいけれど、独り住まいでそんなのないヒトは、カップ入りかき氷の果汁抜きを買っておくとわりかし便利です。

●サバラン（洋酒にしたしたケーキ）

銀紙につつんでケーキ屋サンで売っているでしょ、あれを古くなったカステーラで作るの。古くなってかさかさして来たカステーラはまずい。カステーラってしっとりしているとこが命。すてるのもったいないから、これにブランデーでも、ワインでも、とにかく洋酒を水ですこしうすめてカステーラにしみこませます。それをアルミ箔に包んで冷蔵庫で冷やしてから食べる、うそみたいにステキヨ。すてちゃおうかなんて指先ではじいていたカステーラとは思えません。洋酒の味は、お好み次第。つよいの好きな人は、生のままでもどうぞ（ホントのところ、生のままはつよすぎます）。

古くなったものを再生させるということも、結局はインスタントもののプラスアルファーということとおんなじなのです。出来てるものに手を加えるのですから。ちょっと手をたせば、別の品みたいになっちゃうのですから、ぜひ、ぜひ心がけて、すぐすてちゃうなんてもったいない事はしないでネ。

●むらくもごはん

これは冷たいごはんをむし器でふかす時、作ってみて下さい。いよいよむしあがって、湯気がいきおいよく、ごはんの匂いがして来たら、とき玉子に、すこしおしょうゆを入れ、それをむし器のごはんにかけるのです。それだけ。すぐ火を止めても玉子はちゃんとごはんの間でかたまっています。茶わんによそう時、上にもみ海苔とか、紅生姜とか、きざんだ三つ葉をパラパラとかけていただきます。なんにもおかずのない時とか、おひるの食事には（家庭にいる時）もってこい。

寒い冬は、案外いけますよ。玉子の量はごはんの量と合わせる。軽く三膳分に一個の割で大丈夫。玉子はなにも入れず、そのまま。そして出来上がってから、おしょうゆをさっとかけるというやり方もあり、この方が玉子が黄色くてきれいです。

●カレー丼またはカレーうどん、またはカレーそば

カレーを作って残った場合、あくる日は、このカレー汁におしょうゆを入れてカレー丼にしてみると変化があります。またはごはんの代わりにうどんや、そばにかけると、おそばやさんのより上出来ってコト、ざらにあるのだー。メン類にかける時は、水（ホントはスープだけど、水でもオーケー）をたして、ゆるめにしておいた方がいい。

●天プラの残り

えびを五本食べるつもりであげたら、三本しか食べられなかったとか、どういうわけか宴会で、天プラが食べたくないので、もったいないから、持ってかえって来たとか、なんでもいいから、冷たい天プラチャンが冷蔵庫にある。そしたら、お鍋におしょうゆ、砂糖、酒またはみりん（なければいらない）を入れて（砂糖はそのヒトの好きな

甘さで)、天プラ入れて、ちょっと煮る。それをあったかいごはんにのせると、おいしい天丼になっちゃう。おつゆにつけるだけでなく、すこし煮た方がおいちいってトコが、天プラ屋サンの天丼と違うところです。

うどん玉一つ買って来るとか、干しうどんがあったら、それをゆでて、天プラうどんにしちまうのもいい。ねぎなんか細く切ったのも入れ、生玉子一つおとせば、鍋やきうどんにだってなっちまうのだ。

●クルトン

ひとり住まいで困るものの一つに、パンが固くなって残っちゃうということありませんか。

焼きたてのパンの方がやっぱりおいしいですが、だからといって毎日買っていたんでは、食べ切れない。かといって一斤のパンを、いつまでも食べてんのもわびしい。

クルトンは、固くなったパンの利用法にはもってこい。今、テレビで水谷豊さんがやってるの、みたヒトいます？　箱から出した小片を口にポンと放り入れて、入りました、ではもう一度ストロボアクションでみてみましょう、なんて、野球の打球のあとをみるテクニックでみせているCMです。

あのお口にポンと入れたのがクルトン。パンをさいころみたいに切って、バターとかサラダオイルで、からからと炒めたものです。さっと揚げるという手もあります。塩、コショーで味をととのえる。コショー抜きの方がいいヒトは抜いて、バター味の好きな人はバターをいっぱいとかして下さい。こげつかないように中火ぐらいで、さっさっと炒めつける。これはビールとか、ウイスキーのおつまみにサイコーです。

変わったところでは、ウインナーを1・5センチくらいに切って一緒に炒めるのです。ハムでもベーコンでも好きなものが合います。洋酒のおつまみの時は、肉類が入っていた方がいいかも。クルトンにするパンはミミのように固いトコの方がおいしいです。

（大切なコト――こがすと炭みたいでダメだドー）

くいしん坊のための料理 I

ウルトラスペシャルなのです。
これはチトむずかしいトコもあるかも。
だけど、人間は〝挑戦〟することも
生きてるコトだ——。

まえせつ

たとえば甲州名物の「ほうとう（手打ちうどんのみそ煮込）」。マッシロシロのメリケン粉より色黒の地粉でうどんを打った方がはるかにおいしい!!! でも、かと言って地粉を探しまわりワイワイ能書き並べたんじゃ「ほうとう」が変に珍品ぽくなってしまっていやらしい。はてさて、御料理ってモノはムツカシイもんでございまするなア!

まえせつがもうひとつ

味には家風ってものがありまして、同じ材料を使ってこさえてもAさんとことBさんとこじゃ味が違う。そうでなきゃなんない。だから料理の本なんて細かい点はイイカゲンな方が味がある。イイカゲンなとこを読んだ人達がそれぞれ工夫なさって家風をにじませてくれなきゃ困っちゃう。かと言って、料理はどんな細かいところもイイカゲンじゃ絶対においしくならないし、第一、食べていて心が痛みまするでしょう?
ヤレヤレ、御料理の本ってモノはむつかしいもんでござりまするなア!

で……

とは言うものの、アタイの一家は食いしん坊ぞろい。三度の食事はもちろん、オヤツも夜食も、ほんの一口も全て手抜きなし、それはもう夢中になってこさえるのであります。

春四月、タラの芽、山うど、こごみ、アケビの芽の季節になりますと、アタイの亭主は山々を歩きまわってコレをつみ、山々を歩けぬアタイは田んぼ小川原っぱ土手をウロチョロしては芹、タンポポ、ツクシなどをあさり、ついでにねぎ、大根、サヤエンドオなどもキョロリと周囲確かめまして畠からいただきましてニコニコと大満足、お金出しても三百円か五百円のスリルに汗タラタラ流します。なにしろ、やっぱり野菜類は採りたてにまさるものなく、そしてこの新鮮さを活かしきって料理する事がどれほどムツカシク、またそれだけに料理の腕もどれほど上達したか知れません。

特に日本のように山あり川あり、平野もあって海もあり、しかも四季に恵まれた土地に住み、その上、寒い寒い北海道から冬もポカポカの奄美諸島まであって、イロイロな材料とその料理方法があるとなると、コリャもう死ぬまで食べあさっても食べきれるものではなく、そんなこんなを考えますると、もうつくづく心から、シンのシンからシミジミと「あー、アタイ日本人に生まれてよかったわア！」と想うのでありますが、でもそれだけに、このような本書くとなりますと、いやはや、大変なこってすなア。専門家の人が本を書き、アタイはカットのマンガだけにすりゃあよかった……。

かくてリーチ！

しかし、専門家の人の本はどうも専門的。アタリマエだバカ、ゴメン。だからもう少し食いしん坊的でやさしい本を、ムツカシイ本がお前に書けるか、ハイハイ！とにかく、こうなりゃリーチだ、もう！　バカ、麻雀の本じゃないぞお前、わかってるよ、それくらい。

では、では、まいります。全篇通しまして、御料理は四人分から六人分くらいでまいりますが、一人で三人前食べる人もおりますし、ま、そこらはイイカゲンにいきますのでどうぞ御工夫なさって下さいませ。

たとえば、ヒネショーガ麻雀パイ二個分程と書いてありましても、ヒネショーガが大好きなら四個分でもよいのです。問題は、その料理にとってヒネショーガがしめる位置にあります。品よく二個分の時はやはり二個分にとどめる方がよいわけでありんす。が、いずれにしましてもそこらのところ、おまかせするしかござんせん、御工夫あれ——。

イカ料理

昔、花札やサイコロでオイチョだのゴケだの、丁だの半だのとお金を賭けて生きていた遊人達は、バクチをする前によくイカを食べたそうです。指先がクネクネと器用に動きますように……と、そんな想いをこめてです。

特にイカサマをやるイカサマ師達は、八本足のタコより十本足のイカを食べては花札などをチョイチョイとたくみにあやつってお金を稼いだそうで、イカサマ師とは、イカのおかげでイカサマがうまく出来たイカサマ師が、これも全てイカ様のおかげと深くイカに感謝したため、イカサマ師のことをイカ様師というようになったと、そう、古い古い昔の本に書いてありませんでしたが、とにかく、新鮮なイカは最高の味です。これを食べなくては海国日本に住む意味がありません。まして、悪い人が大勢政治家になっている日本なら、イカ様を食べてイカサマにやられないような知恵をドンドンつけたいと思いますので、三ツ四ツほど、イカ料理などチョイチョイとやってみましょう。

♧イカの買い方

まず、絶対に新鮮でイキのいいイカを買うこと。スルメじゃ駄目、とにかくイキのいいのを買って下さい。そのためには信用の出来る魚屋さんに「コレはオサシミになりますか?」と聞いてから買うことです。そして必ずハラワタつきのマルマル一本を買って下さい。

♧イカのバラシ方

マルマル一本のイカを水でジャブジャブ洗います。そしてこんな風にバラシテ下さい。つまり、ワタをやぶかないように、お腹の肉を指でつまむようにして包丁をツーッと入れるわけです。

イカを開くと内臓の中にシオカラ用のワタがあります。茶色っぽいのがそうです。コレを小さなボールにとっといて下さい。後でシオカラに使います。

●イカ納豆

イカサシと納豆をコネコネとかきまぜただけのモノですが、なんと、これにはもう

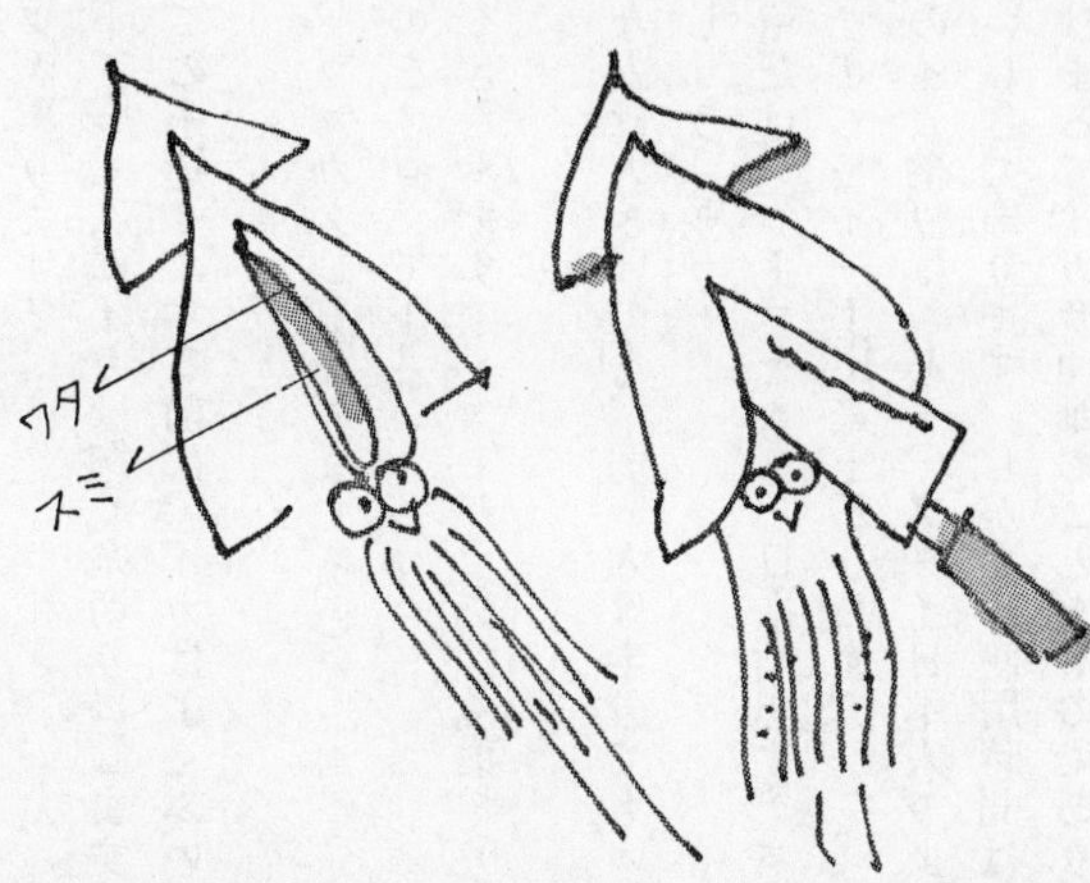

舌がモツレルくらいのおいしさにしちゃうコツがあります！

まず上品に食べたい人はイカの皮をむいて下さい。次にイカは細く糸切りにします。長さ約3〜4センチ、幅は3〜5ミリです。この糸造りにする前に、イカはよくふいて水気をとっといて下さい（①）。

納豆はトントンとよく切れる包丁でタタキ、コマカクしちゃいます（②）。

ショーガは麻雀パイ二個ほどの大きさのものをオロシて下さい（③）。

長ねぎなら青い方を10センチほど、こまかくきざみます。ミョーガ、シソの葉、アサツキでも大丈夫（④）。

赤トーガラシ一本、ヒリヒリ辛いのが好きな人は大きいのを、弱い人は半分でもいいです。とにかく粉のように小さくきざみましょう（⑤）。

大き目のドンブリに①〜⑤を入れ、好みの量だけショーユを入れ、日本酒をオチョコに半分強入れ、ハシでグルグルとよくかきまぜてハイ一丁出来上がりです。

アツアツのゴハンにも、お酒の肴にも、このイカ納豆は「あー、アタイ日本人でよかったなア！」と、心からうめきたくなるおいしさであります。しかも、使用時間は約五分、アッという間のアッというおいしさはまるでイカサマ師のごときものでありまして、イカと納豆というネバネバ同士がこんなにピッタリあうとは信じられないくらいのおいしさでござんす。

●イカの左巻き

これまた要するにイカサシなのでありますが加賀百万石の殿様がシビレて泣いたという絶品であります。

まず上品に食べたい人はイカの皮をむいて下さい。水気をとり、マナイタの上にひろげます。次にショーガをおろし、これを指先でイカの上にバターを塗るようにこすりつけます。青いシソがあったら一枚一枚ひろげてスキマのないようにイカの上にのせます。ノリでもいいし、

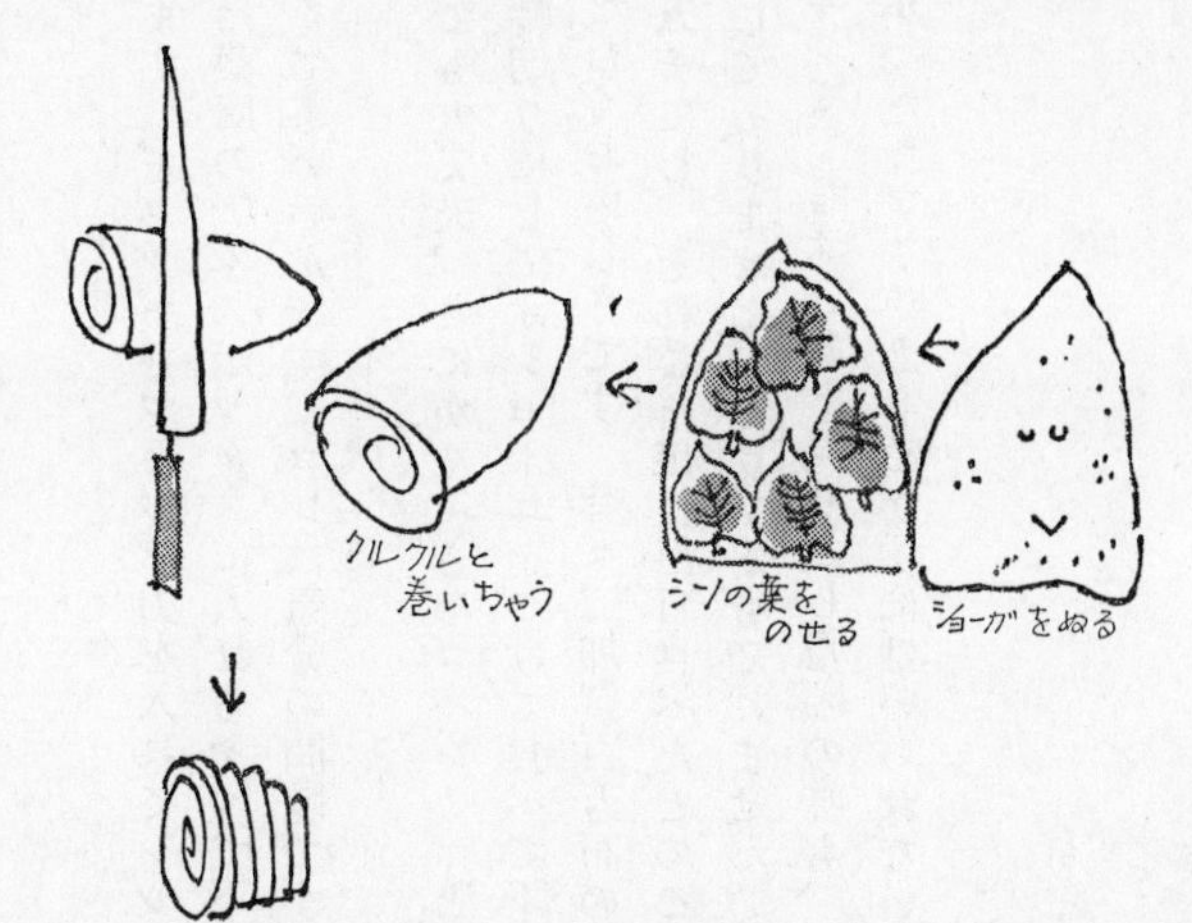

三ツ葉の葉っぱのとこでも大丈夫です。

これをのり巻きのようにクルクルと巻きます。ギュッギュッと少々力を入れてシッカリと巻いたらクマザサの葉の上にのせて冷蔵庫のアイスボックスに入れちゃって下さい。もしクマザサの葉がない時は……なくてもいいんです、コレは気分の問題ですので——。

さて、一時間か二時間、二日後か三日後でも大丈夫、とにかく「さあゴハン!」という寸前にコレを出し、約3ミリくらいの輪切りにしてオショーユをつけて食べて下さい。「エッ、これがイカサシ?」と、目をむくおいしさです。昔々、加賀百万石の殿様はブッカキ氷の中にコレを入れてカチカチにし、それこそ毎日毎日食べたとのことですが、古い古いその頃の本には書き記してありませんのでウソかも知れません。が、ツメターイ最初の二口三口も、ややあって、ちょいとトロリとした頃の味も、「あー、アタイやっぱり日本に生まれてよかったなア!」とうめかずにはいられないおいしさであります。

●イカ中

イカの中華風という料理ですが、これは香港の陳さんという広東料理の名人から直接教えていただいたイカ中です。

まず、イカは上品に食べたい時は皮をむきます。そしてコレにナナメのマス目にキザミを入れます(①)。

足は上品に食べたい人も、下品に食べたい人もバラバラにして食べますが、足にもチョンチョンとキレメを入れます。このキザミもキレメも、イカがちぢこんじゃうことのないようにそうするのかと思うでしょうが、実はこうした方が食べやすいからそうするのです。足は二等分、身の方は長さ5センチ、幅2センチくらいのタンザクにします(②)。

きうりは三本、タテに四つ割にし、それから三等分か四等分に切ります(③)。

ピーマンは五コ、好みの大きさ、ま、四つ割にしてから二等分てとこです(④)。

ニンニクの太ったのを五コ、ザクザクといいかげんに切っときます(⑤)。

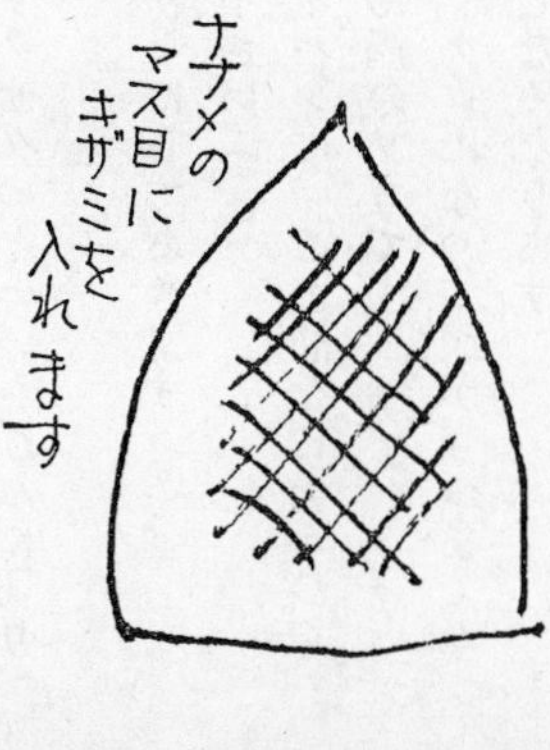

ナナメのマス目にキザミを入れます

赤トーガラシ五本か六本、これも二本くらいだけはザクザクっといいかげんに切り、残りの三、四本はそのまま……(⑥)。

黒ザトーは親指大、または麻雀パイ二個分くらいを粉々にしておきます(⑦)。

オイスターソースをオタマ一杯分か二杯分用意して下さい(⑧)。

ではいよいよ始めます。まず中華鍋か、大きなフライパンに、ごま油をピチャつくくらいたっぷり入れて火をガンガンつけます。もちろん鍋のソコです。

油が熱くなったら⑥の赤トーガラシを放りこみ、マックロになって煙が立つまでニコニコ笑わないで見ています。笑うと味がヒリヒリとしなくなります。

次にニンニクを入れ、ゆっくり五つ数えたらきうりを入れて炒めます。この時多少油がハネますがたいしたことはありません。約二分ほどジュッジュッと炒めます。次はオイスターソースです。パショッと入れて手早くかきまぜ、パシャラッと黒ザトーを散りばめ、すぐにオショーユをジューとアンバイよく入れます。このオショーユの量は各自工夫してみて下さい。やや多いくらいの方がいいと思います。

さて、オイスターソースとオショーユで少々鍋の温度が落ちますが、再びグッグッと活気を取り戻して来たら今度はイカです。よく水を切ったイカをバシャッと入れ、

二、三回手早くかきまぜたらすぐにピーマンを入れ、またまた温度の落ちた鍋にまた活気が戻ったところで大皿にドドーッと盛るのですが、炒め汁はもちろん一滴も残さずに鍋から大皿に入れて下さい。

さて、このイカ中、まさに絶品！　きうりの他に生のアスパラ、セロリーなどを入れてもよく、赤トーガラシは好みによって量を少なくしてもよいのですが、辛いほどおいしいこともたしかです。

ところでこのイカ中のコツは最初から最後まで強火でガンガンやること、そして炒める時、アタイは中国人！と信じてこさえて下さいませ。

さてイカ料理はこのへんにしておきまして、次なる食べ物は、

●おほうとう

手打ちうどんをカボチャ、ジャガイモ、ゴボーなどと煮込んだみそ仕立ての甲州名物ですが、おいしいのなんのって、一度食べたらあの世でもコレだけは……というトロリとした舌ざわりがこの世のモノとは思えない煮込みうどんであります。

まず地粉をネリます。地粉がない時は色のあまり白くないメリケン粉でも大丈夫。

うろんすき

うどん粉は足でふんづけてネルのもOKです。この時はなるべくモズネのうすい人、水虫では断じてない人にして下さい。でも、やっぱ、手と指でネルのが一番でしュ！

クツ下はヌイで下さい。よく足を洗って下さい。魚の目は……ダシになるそうですがアテにはなりません。

人参は太い方とシッポの方に切りわけ、太い方はタテ半分にし、シッポの方はそのまゝで七ミリから一センチくらいに厚目に輪切りにする。

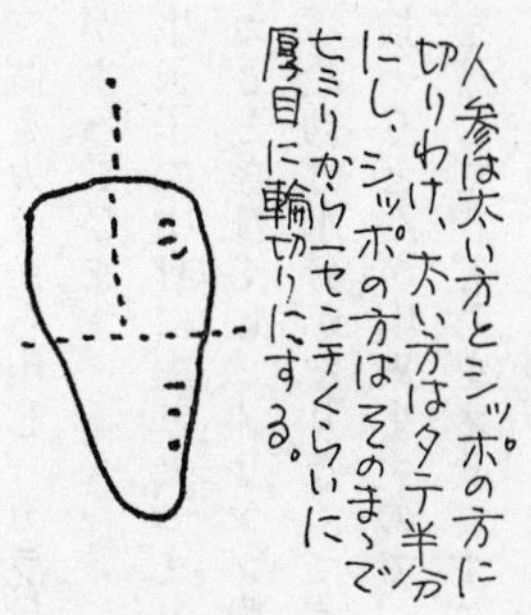

大根の葉っぱも入れて下さい。二センチくらいの長さにチョン〱と切って入れます。最後のみそをとかした時に入れるとよいでしょう。

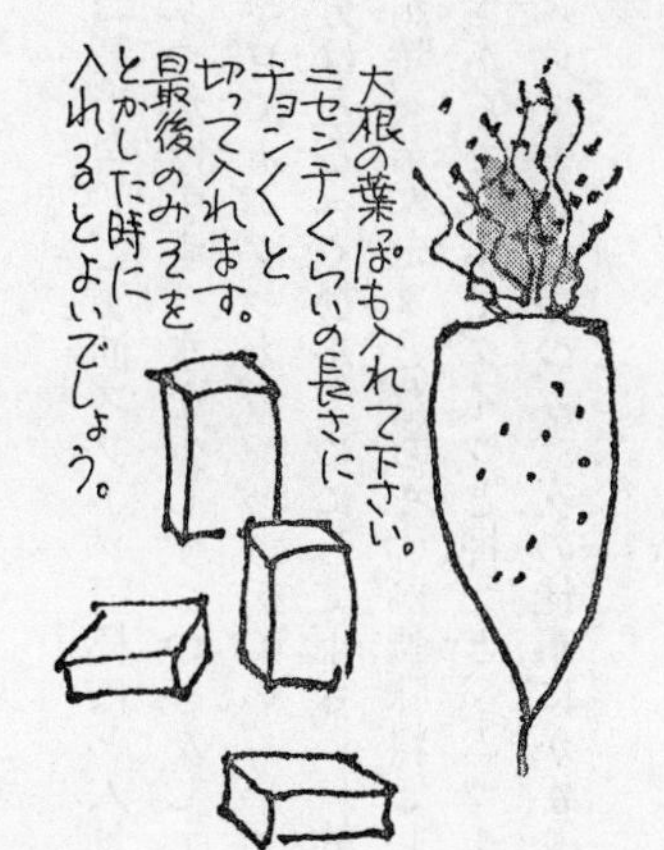

生玉子二個をカラから出し、カラは粉々にくだいて植木の根っ子のところに捨てます。植木がよろこびます。

残った生玉子の中身に塩ひとつまみ、お酒半合、ごま油スプーン三杯ほど入れてシャカシャカとときほぐし、メリケン粉にぶっかけます。水を少しずつつぎたしてネルのですが、最初は水分がたりなくてポロポロでも、グッとガンバッテぐいぐいネリますと腰の強いうどんが出来ますので、水分はなるべくひかえめにして下さい。約小一時間、汗を流してうどんをネリます。汗が時々ポタポタと落ちますが調味料としては最高です。かまわずネリつづけましょう。かくて、指でグイッと押すと、ムッチリとすぐモリカエッテくるくらいになったらヌレブキンでつつみ、次の仕事にかかります(①)。

深い鍋に、または大きなオカマに水を六分目ほど入れ、煮干しとコンブを入れて火にかけます。コンブは煮立つ寸前に出してオソバのように細く切って下さい(②)。

人参、カボチャ、大根はなるべく下品に、言い方を変えれば野性的にやや荒々しく切って下さい。ゴボーはこれまたジョリジョリと荒っぽくけずって水につけときます。

ジャガイモも同じ、厚目に切っといて下さい。その他サツマイモの残り、ナス、レンコン等残りものの野菜はなんでも使っちゃって大丈夫（③）。

さて、大鍋のお湯から煮干しをすくって出し、これを植木の根っ子に捨てたら、いよいようどんを切ります。①のカタマリをいっぺんにノシてもいいのですが、ま、半分ずつの方がうまくいきます。地粉をよくまぶし、メンボオでグイグイと押しつけ、後は好みの太さにチョンチョンと切ってうどんをこさえます。きしめん風もよし、エンピツぐらいの太いのもよし、とにかくうどんに見えさえすればよいのでありますが、ペタペタひっつかないためにも地粉はタップリ使ってこさえるのがコツです（④）。

②の大鍋の火を強くし、グラグラにして④をパラパラとひろげて入れ、ハシでほぐし、またうどんを入れ、またほぐし、またまた入れ、またまたほぐし……とくり返しつつうどんを全部入れましたら③の人参、大根、ゴボーを入れます。ゴメン。逆です。うどんをノシて切る前に③の人参、大根、ゴボーは入れとくんでした。弱火の大鍋に……で、うどんを入れて五分ほどしたらジャガイモを入れ、ややあってからカボチャを入れて下さい。そしてこの間も時々ハシを入れて中をよくほぐすようにかきまわすんです。で、カボチャを入れたところでおみそをほんのり色がつく程度にとかして下さい。コンブの細切りはこの時入れます（⑤）。

以上で大体終了です。後は煮こぼれないように大鍋に見張りの人間を配置し、ヒネショーガ麻雀パイ二個分をミジンに切り、長ねぎ三本をチョンチョンと細かくきざみ、うどんが十分煮込まれた頃……コレは時々大鍋から一本ずつ引っぱり出して食べてみて下さい。そして、うん、もうよかろう！て時、もう一度みそを入れて味をととのえ、ヒネショーガを入れ、二分か三分で火からおろし、長ねぎをぶちこみ、オタマでゆっくり大きく大鍋の中をかきまわしてハイ出来上がりです。

④の時にまぶした地粉がとけてトロリとしたまるみを大鍋いっぱいにくりひろげ、ジャガイモとカボチャの甘味がみそととけあい、グイッと腰のきいたうどんが力強い歯ごたえを呼び、なるほど、風林火山の殿様はこのおほうとうを食べていたからこそ強かったのか！と、しみじみ心に思える野性味あふれる世にもマレなるおいしさです。

劇団未来劇場は長野県のアルプス山中に山荘があるのですが、劇団の男の子は必ずここでこのおほうとうのうどんねりをやらされて一人前の男に成長していきます。おいしくなれ、腰の強いうどんになれと、一心不乱にうどんをネリ、肩をパンパンに張らしている姿はディスコで腰をふらつかせている時よりもずっと魅力的です。そしてこの味……「あー、もうアタイ日本人でいてサイコオ！」……コレが甲州名物おほうとう、日劇ミュージックホールの№1岬マコちゃんのあの野性的なヌードも、マコちゃんが子供の頃からこのおほうとうを食べて育ったからなのです。ヘッヘッヘ！

くいしん坊のための料理 II

ナンバーIIはおいしくて
わりかしかんたんにできる。
IがだめならIIでどうぞ。

くいしん坊の〝ケ〟のある人は、やっぱし中華風の味が好きみたいです。

世界の二大料理っていわれるのが、中華とフランス、東洋人のあたしたちにはどっちが近いかっていえば、血の上からも、地の上からも中国です。〝おいしい〟という味覚は、前にも、なにかと申しちゃってるが、人さまざま。その家、その家のフウってもンがあるわけでして、やっぱし日本人はフランス料理よか、中国料理が合います。まるい食卓をかこんで、わいわい、がやがやと、テーブルぐるぐるまわしながら食べるのっておいしいものを食べるのにふさわしい風景でござーる。

ホシテまた、中華あじってのはもうどうしていいかわかンないほど、スラバヤシイ。味の王様です。アドとこのヤドロクドノ、昔は、たたみいわしに、けずりたてのオカカをかけた大根おろしに、なんて、さっぱり好みンとこあったのに、香港、台湾などに行くようになり、陳サンという台湾のお友達と仲よしになってからは、すっかり中国味覚党になってしまい、わが家の四人のコックの一人になってしまったくらいです（四人とは、母も姉も亭主もアドも、それぞれ腕自慢の〝ケ〟があンのだ）。

御亭主ドノはまた言います、巨人軍の王選手が八六八号もホームランを打ったのは、中華料理をいっぱいたべているからにちがいない。味、栄養共に世界一だもンナー。

本場に行って、凄腕のコックサンの作ったものを一度でもたべたら、〝味〟ってこんなに素晴らしい魅惑的なもンなのかしらって、タメイキが三つばかり出ちゃいそう。五ツでも七ツでもいいのヨー。情熱的に中国の味をほめたたえる亭主ドノに抵抗して、でも、にんにくの味がすンでしょ、しつこすぎるでしょ、毎日ならあきちゃう……と言いますと、本物はにんにくの味など判らない作り方をしているとか、中国のおかゆなど、実にさっぱりしている、淡白な中国料理もいくらでもあるのだと話してくれたのです。

てなことで、このナンバーIIは中国味つけを主にして参ろうと存ずる。

●中華すいとん

すいとんというとすぐ判る人は三十歳をこえている人、戦中、戦後、食べるもののなかった時代、すいとんは大事な大事な主食だったンです。うどん粉（メリケン粉）を水でといて、かためにどろりとさせ、おつゆの中に入れて食べるものなのです。そいで戦争の思い出とつながるのでいやがる人、まるっきり知らない人、贅沢（ぜいたく）になれて、ウドン粉のおだんごなんかヤダワーという人、さまざまです。

が、これより紹介するすいとんは、とてもおいしいのだ。

とりの皮、またはガラを買って来て、それをごま油でさっと炒めてから、煮出して、だし汁をとる（ここが一番大切なとこ。コツはここなのだ）。その時、生姜の古びたのでも入れて下さい。それから、長ねぎも半本くらい、これもまた入れてゴトゴトゴト。さてスープがとれたら上のあくをすくう。ガラや、とりの皮がヤダって人は、こしてもいい。塩、しょうゆ、コショーで味をととのえ、沸きたつ汁の中に、ゆるくといたうどん粉（流せるぐらいのやわらかさ）を、さらさらと、流しこむのです。と、わんたんの皮みたいになります。流す時、てきとうに、間をおきおき流すこと。切れ目が悪いと、大幅うどんみたいになっちまう。きざみねぎなど入れて召し上がれ。

忘れてたー。うどん粉の中にチョッピリ、チョッピリ塩入れてー。

●リャンサイ（冷菜）

中華風サラダのことだド。

キャベツを、へたなとんカツ屋のきざみキャベツなみにきざみ、きうりも一、二本入れ（主役はキャベツです）、塩でもみ、水洗いし水を切る（ホントはヤサイって、切る前によく洗ってきざみ、水洗いしなくていい程度の、つまりほどよい塩でしなわせて使った方が、ヤサイの風味をすてないでいいのだけど、塩を使いすぎて、塩っぽいと困るから、水洗い型で結構ザンス)。

きざんだキャベツの味つけは、にんにく少々きざんだのとか、生姜少々きざんだのを入れてかきまわし、最後に赤とんがらしをチョッとふりかける。

まさに中国の味です。

●納豆入りなすピーマンみそ炒め

なすとピーマンのみそ炒めは夏の料理のレギュラーです。これにちょっと手を入れて、変わった味にしてみちゃう。

なす、ピーマンを適当に切って油で炒め、仕上がり前にみそ、砂糖を入れるのが普通の方法。この砂糖を、黒砂糖にかえるのです。そして、納豆を入れる。こってりとした一味ちがった風味です。

この料理は、なす、ピーマンを小さく切ってよく炒めて、納豆、黒砂糖、みそで味つけして、変わりみそ仕立てにする。このみそを、あんこや肉の入ってないホントの中華まんじゅう〝花巻〟や、日本のお好み焼きの〝ぐ〟の入っていないの、フランスならクレープ風といいますか、つまり、メリケン粉のうす焼きの皮につけてたべるとまたまたステキ。

●ビーフン（お米のおそばです）

これは台湾が本場とか。一度食べたら忘れられない味、ラーメン、ギョーザとおんなじで、なくっちゃあ困っちゃう味なのだー。

ビーフンはデパートなんかで売っている台湾製のものがおいしい。どういうわけか、日本製のものはダメです。

だから決め手は、中国製（台湾をふくめて）のものを手に入れること。それから豚の生あぶらを使うこと。この二つがうまくゆけば、もう大体おいしいのです。

作り方

ビーフンを水にしたして、しんなりさせる。これはビーフンの種類によって時間はまちまちです。細めのものはすぐやわらかくなるし、太くてバッチリしてンのはなかなかしんなりしてくれません。ほいからザルにあげとく。

肉屋さんで豚肉をかうとき、生あぶらを百〜百五十グラム程度かって、こまかく切って、とろ火で油をとります。

この油でビーフンを炒めるのです。

原形はこれだけ、ほして、台湾料理屋サンによっては、これにチョビッとねぎを入れたのくらいで、あとはにんにくなどもすりこんである、しょうゆたれを、つけたり、たらしたりして食べる店もある。アドの家は、もやし、ねぎ、干しえび（これは中華料理用の干しえび、なかったらいらない）、干し椎たけ、豚肉、白菜など炒めたのと、ビーフンの炒めたのと、最後にまぜちゃって五目ビーフンみたいにして食べる。味つけは塩、コショー、おしょうゆ、調味料です。おしょうゆはでき上がり直前にすこしたらすと、日本的というか、風味が冴えるかんじ。オ

イスターソース（かき油）を入れたっていい。これは濃厚な味になる。ビーフンを豚の生あぶらで炒めるという原型さえ、ちゃんとしていればいろンな食べ方あるわけで、その時の台所の、もののありぐあいとか、ふところ勘定とかで、決めて下しゃい。アドはよく焼いてこがしたのが好き。

それからビーフンは袋づめで売ってまして、一袋が三人分ぐらいで、これに対して生あぶら百〜百五十グラムなのです、しつっこいの好きな人、本格派は、生あぶらをたくさん使います。たとえば、あなた一人で一人分作ってみようと思う時、わざわざ生あぶらをとるのからするのも、とメンドーな気分になったら、豚のバラ肉（三枚肉と言ってアブラ、ニク、アブラってな、縞模様のトコです）を二百グラムぐらい買い、あとはサラダオイルで補充して作ったってかまいません。本格派には遠いけど、ケッコーいけます。

それから、余ったり、余分に作ったりしたら、二度目はお鍋にお湯をぐらぐらわかして、残りのビーフンを入れ、おしょうゆ、塩をたし、コショーをふって、フウフウと言いながらたべる、これ汁ビーフン。これがまたまたヤッホーなのだ。

生あぶらのことが出て来たついでに、申し添えちゃうが、この豚ちゃんのあぶらは、中華風味つけにはポイントになるものです。ごま油か、豚の生あぶらが参加すると本格派になっちまう。だから、ビーフンを作ろうと思った時、生あぶらをすこし余分に買ってきて、脂をとっておけば、いろんなものに使えまする。インスタントラーメンの時も、小さじに半分くらい、ホンのチョッピリおとすと、味はスラバヤシイ！　生あぶらは冷えると白くかたまって保存もしやすいし、冷蔵庫のすみっこに入れといて、気軽く使えば、あなたは、〝とんでるコックサン〟に変身だー。

●中華目玉焼き

目玉焼きの中国スタイルってやつでして、手軽で、ちょっと変わっていて、安くていいのではと思うのだー。

目玉焼きは、いつもとおんなじやり方で焼いて下さい。ただ、フライパンに入れる油を、余計にすること、それこそ、豚のナマアブラをちょっぴりおとすと、味がひき立ちます。焼きぐあいも、各人のお好み次第、コチコチの好きな人は、ひっくりかえして両面からよく焼いて下ちゃい。すこしやわらかいトコのあンのが好きなヒトは、そのように焼く。そしてお皿にとる。

これに甘酢あんをかければ、ハイ、出来上がりってわけです。

甘酢あんは、砂糖、しょうゆ、油、酢、片栗粉、水、調味料、それから、チョット赤っぽいのがいいヒトは、トマトケチャップをすこし、これらを合わせて火にかけ、とろりとさせて、目玉焼きにかけるのです。コン時、使う油は、ごま油とかラード（豚の脂のことよ）の方が中華っぽくなります。でも、しつっこいのきらいな人はサラダオイルがいいでしょう。出来上がったら、ねぎのみじん切りとか辣油（ラーユ）（ギョーザなどにつかう、とんがらしの入ったピリピリとしたヤツ）などたらしてアツアツのうちに口の中に放りこんで下さい。冷たくなったらアウトだドー。

●中華風あさり

蛤とかあさりとか、しじみの中華スタイルです。しじみは油で炒めて、生姜をすりこんだおしょうゆを入れて味つけする。これは冷たくてもおいしくて、おつまみになります。

蛤とかあさりは、生姜をわりかしたくさん入れたお湯の中で煮て、ふたがあいたら、お鍋からひっぱり出し、お皿にもりつける。

それに〝たれ〟をかけてたべるのです。たれの味は、酢とごま油、それに砂糖をちょっぴりと、おしょうゆ、調味料を合わせ、フレンチドレッシングの要領でよくまぜ合わせて、蛤やあさりの上にかける。生姜を千切りにしたのをちらしておいた方が、ずーっとおいしい。

料理屋サンでは貝の片側をとって〝み〟のついているのだけ、キレイにならべて出しますが、〝み〟のついていない貝がついていた方が、たべる時、ひょいとつまむのには便利です。

西洋風のバターでいためてパセリ、という味より複雑な味、どちらがいいかは好きずきです。

あんた、どっち好き？

●牛肉のセロリー炒め

中華料理屋サンのメニューには必ずのっているおなじみのもの、これを今、肉屋サンの目玉商品になっている安い輸入牛を使って作ればキャッホーです。

味にうるさいヒトは、輸入牛ってやっぱり大味であるとか言ってバカにする。それは百グラム千円のものと二百数十円くらいで買えるものと味が違うのはしょうがない、それも腕で、バックアップしようってわけ。

作り方は、牛肉を千切りにしておしょうゆと片栗粉をまぶしておく。かたやセロリー、そいから人参なんかもおんなじように千切りにする。それをフライパンとか、中華鍋に油を少し余分に入れ、まず牛肉の方を、かたまんないようにほぐして入れ、揚げ炒めみたいなかんじで火を通す。色がかわったら油からあげます。肉をあげちゃったあとに、セロリーを入れて炒め、しなったら、牛肉を戻し、しょうゆ、調味料で味をととのえておしまい。安い牛肉でも、ハオ、ハオヨー。

これのコツは手早く、セロリーがあんましぐんにゃりしないように作ること。

そいから、セロリーの代わりに、ピーマンでもいいし、たけのこでもいいし、椎たけだっていいわけ。

セロリー、ピーマン、たけのこ、椎たけとみんな使ったたってルール違反ってなことはないのだドー。

ドドドッとおいしいの作ってくだされ。

●大根の甘酢づけ

もう一つ安くておいしい中華風おつけものを紹介しちゃおう。

冬の大根のおいしい季節に作るとサイコー。まるまるとふとった大根アンヨといわれるような大根の皮をむき、拍子木に切ります。それに塩をふりかけ、しんなりしたら水洗いして、水気を切っておく。

甘酢は、酢、ごま油、おしょうゆ、砂糖をまぜ合わせて作り、これの中に大根をつけとくだけ。とってもかんたん。

甘酢づけは、きうりでやってもいいし、白菜でもいい。白菜の時は、さっとゆでてから使います。

前菜むきのものですから、飲む時のおつまみにはもってこい。

お友達と軽く一杯、なんて時だって、

冷蔵庫から氷を出したり、コップを揃えたりしている間にチョコチョコと、電光石火一丁あがり!!ってしろもんです。

おわりに

生まれた時からお料理のうまいヒトなんていやしない。江上センセイも、土井センセイ、石井センセも、赤ん坊のときは包丁もっていなかったのだ。てコトはお料理って、食べることへの興味から始まるのだと思う。

〝あたし、宇宙食でもヘイキよ〟というヒトに料理のうまい人はいないと断言したい。食べることへの情熱、それが料理への情熱なのだ！

そいで、この本を出す本屋サンにはわるいけど、食べることの嫌いなヒトは、よんでもチーットも役に立たないし、料理もうまくなりっこないから、買わない方がトクだドー。

アドも特に料理が上手ってことはないのだけれど、くいしん坊の部に入っちゃう。だって、食べるって愉しい。真夜中のつまみぐいも、家族や、仲間とガヤガヤにぎやかにやるのも、生きるしるしあり……てかんじ。

おいしいものを買うためには、千里の道だって遠くはない。

うちの家風は、どうもくいしん坊にできてまして、ダンナの書く芝居も、必ず食べものが出てきます。それが、どれもこれも、舌をかみそうなむずかしい西洋料理とか、中国料理、そしていわくありげなブドー酒の名前などなど。そいで、役者サンたちは大変なのだ。一公演に必ず、舌をかんじゃうヒトがいて、バンソーコーはって〝オックステールスープ、スープアラボンファーム……〟とそいでもがんばるのだ。

また、劇中、必ず、〝紅茶っ茶〟ていう歌と〝スープの歌〟を全員で歌う。それが、いい歌でして（自分でホメちゃうとヘンだけど、みんな、みんないい歌だっていってくれます。スープの歌は巻頭に楽譜があります）、毎度、みにいらっしゃるお客サンまで、客席で、口をパクパク。

で、未来劇場のごひいきサンには、お料理の場面と、その時のスープの歌なんかききたくて来ちゃう方もいらっしゃるのだドー。

食べることへの情熱、即、お料理の道！　みなちゃま、がんばってー。

知恵をゼイタクに使う料理

外で食事をする場合、亜土は値段の高い店を嫌います。人からおいしいと聞き、わざわざ出かけて行ったレストランでも、メニューを見、あまり高いとニッコリ笑って出てきてしまいます。

たまに家で料理を作る場合も亜土はハンパの野菜、食べ残しのおかずなどを上手に使っておいしくゼイタクにするという知恵と情熱を持っています。これはなかなかいい精神だと気に入っています。

こういう知恵と情熱は何事においても大切なことで、みなさんも料理など作りながら大事に育ててみてはいかがでしょうか。

一九七八年秋

未来劇場主宰　里吉しげみ

「文庫版おわりに」にかえて

〝もしもし、水森亜土さんですか〟

〝フワイ〟

〝トツゼンですが、料理の本を書いていただきたいと思いまして、御相談にあがりたいのです〟

〝ゴリョウリ？　あのー、アドはマンガカですのでデスが……ァ〟

てな問答があって、アドは震度六ぐらいにびっくりして、ひっくりかえったンだけど、専門家のセンセイより、キャッホーのアドの作るものなら、お料理作ったことがないというマドモアゼルでも、〝アドができるなら、あたしもできるサー〟てな気持ちを、おこさせちゃうだろう――てなことで引きうけちゃったのだ。

◇　◇

こうしてウン十年前に作った本が、このたびめでたく文庫化されてキャッホー、ヤッホー。アドは今も、その日食べたいものをチャチャッと作って、のんびり食べる時間が大好きなのだ。食べることへの情熱、即、お料理の道！　みなちゃまもキャッホー、ヤッホーと気楽に、楽しく、ホシテ〝まじめに〟作ってくだされ。

二〇二三年夏

水森亜土

アドの定番ブランチ

アドはいつも11時半すぎから朝食と昼食を兼ねたブランチを食べるのが日課だドー。定番メニューは、冷蔵庫にある野菜、豆やきのこ、フルーツをてんこ盛りにしたサラダ、バターをたっぷりのせたパン（紀ノ國屋のチャバティーニがアドの好物！）、ソーセージ１本、ホシテこれまた大好物の牛乳をたっぷりと。それを「キユーピー３分クッキング」を見ながらあーだこーだ言いつつ、のんびり食べるのがお決まりなのだ。食後には必ず紅茶を淹れて(アドは昔から紅茶派ヨ)、イヌネコたちとホッとひと息。これで今日もいちにちご機嫌に過ごせるのだ。

ブランチはいつも
料理番組見んながら
たべるンワタシ
クリップ
ADO
coco
chibi

茶の間でゴハン

アドが住んでいる武蔵野の家の庭には紫陽花、みかんの木、柿の木など季節の草木が生い茂っております。ソヨソヨと風が吹くなか、茶の間でゴハンを食べるのは気持ちがいいのだ。

わが家の一員もいっしょに

ともに食卓につくのは女所帯のわが家の一員、水森ココ・シャネル（柴犬）と水森チビ（縞模様のネコ）。ハムの切れ端なんかをあげながらいっしょに食事をするのであります。

いざ、食卓。

はらぺこめがね　原田しんや

しばらく読み進めてからこの本がもともと1978年に刊行されたものだと気づき、その事実に正直驚きを隠せなかった(別に隠す必要はないけど)。というのも、食べ物に対する亜土ちゃんの感覚だったり、紹介されている料理だったり、登場する食材だったりが今とほとんどかわらず、一昔前の本とは思えないほど共感しまくりの内容だったからだ。

と言ってるお前は誰やねんということになると、これから書く内容がスッと入ってこないだろうから、少し自分の紹介を。僕は「食べものと人」をテーマに夫婦で活動しているイラストユニット「はらぺこめがね」の夫のほうで、食べものの絵を担当していると同時に、日常での調理も担当している。やはり、食べることが大好きということが前提にあるので、「食」にまつわることのほとんどが僕の担当と言っても過言ではない。絵本制作が現状の仕事の9割を占めているので、僕たちのことをご存じのみなさまの認識は絵本作家ということになっていると思うが、自分たちで名乗る時はあえて「夫婦イラストユニット」と、こだわっている風に見せている。なんにせよ、現在40歳の僕と、いっこ上のかみさん、5歳の娘の3人で東京のボロアパートを拠点に、どこにでもあるような日常を暮らしているしがない絵描きだ、というところまで喋っておけば「お前誰やねん」がちょっとは薄れるだろうから、そろそろ本題に入ろう。

有名無名、男と女、育ってきた環境などなどを置いておけば、おこがましいが、亜土ちゃんと僕は食べることが大好きな絵描きという共通点があるせいか、感覚が似ているところが多い気がする（例えば、料理の先生の言う事はあまり気にしないで気楽に自己流でやっちゃえばいいとか）。それに、冒頭でも少し触れたが、今から45年ぐらい前って、食材や調理法も含めて食べているものがずいぶん違うだろうと勝手なイメージを持っていたが、全くそんなことはなく、そこのズレがほとんどなかった。特にサラダのレシピなんて、菊花風サラダとかアコーデオン風サラダとか、逆に新しさを感じるものがあったり。クレソンサラダなんかは、クレソンが手に入ると僕も好きでしょっちゅう作るし、こないだ亜土ちゃんのレシピにあったみょうがごはんも作ってみたけど、我が家の夏の定番になりそうな予感。といった具合に、この本を通してそのことを知れたことがなんだか嬉しいというか、安心したというか。人の感覚や美味しいと思えるものって根本的には変わらないんだなって。

逆に、食にさほど興味がない人、自炊しない人も昔から一定数いて、そこも変わらないんだなぁ。やりたいことがたくさんあって忙しくしているのは素晴らしいことだが、それで食事が犠牲になってしまうのはやっぱりちょっとへんてこだなと感じてしまう。食べることは生きることであり、修行僧でもない限り、食べることは生きていくのに必要不可欠なこと。そして人間は食の楽しさを知っている。いや、獣だって虫だって魚だって、生きていく上で必要だからって事務的に食べているとは思えない。百獣の王ライオンだって、俺はキリンよりゾウのほうが好きなんだとか、ライオンの好みではないかもしれないキリンだって、日陰の葉っぱより日向の葉っぱのほうが甘くって素敵なんだとか、それぞれでグルメしちゃってると信じたい。そんな中で人間は食を創造する術を持っているのだから、それを楽しまずに外食やらウーバーだけで済ませちゃうってなんだかナンセンスじゃない？　と思っちゃうわけだ。もちろん僕も外食はするし出前だってするし、それはそれで楽しい。それに人の作ってくれたご飯って本当に最高！　でも、たまにだから楽しいし、美味しい。あとそういう時は友人といっしょだったり大人数で食べることが多いから、それだけでごちそうになるのだ。家庭の料理もやっぱり一人より二人、二人より三人てな具合に、みんなで食べると一層美味しくなる。もちろん好きな人と食べるってのが大前提。嫌いな人と食べちゃうと喉もとおりません（大げさ）。

料理がめんどくさい、料理って難しい、苦手って感じている人は、いっぺん自分が思うめんどくさいこと、難しいこと、苦手なことを排除して料理してみてはどうだろう。もちろん、自分が食べたいもの、家族に食べてもらいたいものがいいとは思う。そこを考えた上でなら、作れるものがお湯を注いでできるカップラーメンであったとしても、僕は立派な料理だと思う。カップラーメンなんか料理じゃないと言われるかもしれないが、そこに想いがあって真剣に向き合っているのであれば、その時点で立派な料理なのだ。実際に僕たちもたまに真剣にカップラーメンに向き合う時がある。

でも、たまに食べるからとびっきり美味しく感じる。ぜひカップラーメンからでも料理を始めてみて、その楽しさを実感してほしい。

ちなみに、逆のことを言うかもしれないが、カレー作りに関してはルーを使わずに、シンプルにカレー粉と小麦粉で作ってみてほしい。それだけで絶対に楽しいし、美味しいのが作れる。そこに自分の好きなスパイスを足してもいい。なんの具を入れるかでも味は変わるし、何と言ってもそれだけで自分で料理した感が味わえるというのが醍醐味だ。なので、料理に興味がない人は、もしかしたらカレー作りから始めてもいいかもしれない。ハマるとそのうちスパイスを調合する本格的なカレー作りに目覚めるかもしれないし、インドに旅立ち修業なんてこともあり得るかも。そうなったらめちゃめちゃエキサイティングな人生だ。僕はまだスパイスの調合には行き着いていないが、友人に聞くとそんなに難しくないし、結構気軽に作れるようだ。僕もそのうちスパイスにハマる時がくるのかな。今は「さしすせそ」＋αぐらいで充分楽しいけど。

僕が飽きずに料理を続けてこられて、それを楽しく美味しく食べてこられたのは、何かしらの確信と成功があったからだと最近は思うようになった。食べるのが好き、料理するのが好きというだけでは自炊は続けられなかったと思う。やっぱり外食のほうが美味いやってなるのなら、多分、自炊は続いてなかっただろう。家庭料理の良さ、外食とは違う美味しさ、家族が喜んで食べてくれる姿。最近はよく出張があるので、現地での食事が続くときがある。もちろん、食べるものはできる範囲でリサーチし、妥協はしない（いつだって真剣）。そしてもちろん、時々目をひんむくほど旨い料理にも出会える。でも、家に帰ってきてご飯を作って食べると、大体の場合、かみさんが一言目に「やっぱり家のご飯が美味いわー！」とつぶやいてくれる。すなわち、そういうことなのだ。ただただ美味しいだけじゃなく、家族のことを想って作る料理こそが家庭料理だなと思うのだ。だからほっこりやさしい味わいになるんだなぁって。

ふだん、家でご飯を作るときは、冷蔵庫に何があるか、何から先に使うべきか、自分が食べたいもの、昨日食べたものとのバランス、家族が求めている味、みんなの今日の体調……などなどが、台所に立つと瞬時に頭にポッポと浮かんでくる。見切り発車で調理を開始することもあるが、手を動かしていると、おのずと答えが見えてくる。主観が入ってしまうが、どう食べたいかを考えながら調理すると、切り方や火の入れ方もイメージしやすい。あとはやっぱり楽しむだけ。僕もめんどくさがりなので、めんどくさいことはやらない。

休みの日は、とことん料理に向き合うときもある。一人でもくもくと、家族で楽しく、そこに友人も招いてパーティにしちゃう時も。最近では娘と一緒に時間も気にせずのんびり料理を楽しむことが増えた。それでも腹が減ってくるとだんだん食欲優先になってきて、無意識に動かす手が早くなることも。餃子などは、みんなでパーティ的に作ると思うが、我が家では焼売をよく作る。作ってみると、包むのも餃子より簡単で、蒸して火を入れるので、油いらずでおすすめだ。

今さらだが、解説と言いつつ、亜土ちゃんの話から脱線しているので、最後にちょっとだけ話を本題に戻すと、亜土ちゃんは行事を重んじる家庭で育ったようだ。僕たちも行事ごとは嫌いじゃないので（ただ行事にのっかって美味しいものを食べたいだけのいやしんぼ）、正月からはじまり、七草粥、節分の恵方巻、ひな祭りのちらし寿司などなど、大晦日まで一年を通して行事食を楽しんでいる。だが、この本には、1月15日の小豆がゆや、下旬の寒もちなど、まだまだ知らない行事食がたくさんあるじゃあーりませんか。亜土ちゃんのお家ではお月見が一番気合入っているみたいで、十五夜と十三夜を必ず両方やる家訓があるとか。これには脱帽でございます。伝統や言い伝え、神聖なものだったりするとは存じますが、いやしい僕からすると、何かしら理由をつけてあの手この手で昔から食を楽しんでいるじゃないかと、にんまりせずにはいられない。

つまりなにが言いたいかというと、やっぱり人間は食を楽しんで生きる動物だってこと。それが特性。ほっといたって知らず知らずのうちに自然と楽しんじゃっているのだ。亜土ちゃんみたく、これからも、もっともっとヤッホー！キャッホー！とみんなで食人生を楽しむんだド！

（はらぺこめがね　はらだ・しんや／イラストユニット・絵本作家）

・本書は一九七八年十一月、潮文社より刊行され、二〇一四年二月、復刊ドットコムから復刊されました。
・文庫化に際して、巻末の「「文庫版おわりに」にかえて」で、新たな文章とイラストを加えました。

落穂拾い・犬の生活　小山清

明治の匂いの残る浅草に育ち、純粋無比の作品を遺して短い生涯を終えた小山清。いまなお新しい、清らかな祈りのような作品集。（三上延）

須永朝彦小説選　須永朝彦　山尾悠子編

美しき吸血鬼、チェンバロの綺羅綺羅しい響き、暗い水に潜む蛇……独自の美意識と博識で幻想文学ファンを魅了した小説作品から山尾悠子が25篇を選ぶ。

紙の罠　都筑道夫　日下三蔵編

都筑作品でも人気の〝近藤・土方シリーズ〟が遂に復活。贋札作りをめぐり巻き起こる奇想天外アクション小説。二転三転する物語の結末は予測不能。

幻の女　田中小実昌　日下三蔵編

近年、なかなか読むことが出来なかった〝幻〟のミステリ作品群が編者の詳細な解説とともに甦る。夜の街の片隅で起こる世にも奇妙な出来事たち。

第8監房　柴田錬三郎　日下三蔵編

剣豪小説の大家として知られる柴錬の現代ミステリ短篇の傑作が奇跡の文庫化。〈巧みなストーリーテリング〉と〈衝撃の結末〉で読ませる狂気の8篇。

飛田ホテル　黒岩重吾

刑期を終えたやくざ者に起きた妻の失踪を追う表題作など、大阪のどん底で交わる男女の情と性。直木賞作家の傑作ミステリ短篇集。（難波利三）

『新青年』名作コレクション　『新青年』研究会編

探偵小説の牙城として多くの作家を輩出した伝説の総合娯楽雑誌『新青年』。創刊から101年を迎え新たな視点で各時代の名作を集めたアンソロジー。

ゴシック文学入門　東雅夫編

江戸川乱歩、小泉八雲、平井呈一、日夏耿之介、澁澤龍彦、種村季弘――。「ゴシック文学」の世界へと誘う厳選評論・エッセイアンソロジーが誕生！

刀　東雅夫編

名刀、魔剣、妖刀、聖剣……古今の枠を飛び越えて「刀」にまつわる怪奇幻想の名作が集結。業物同士が唸りを上げる文豪×怪談アンソロジー、登場！

家が呼ぶ　朝宮運河編

ホラーファンにとって永遠のテーマの一つといえる「こわい家」。屋敷やマンション等をモチーフとした逃亡不可能な恐怖が襲う珠玉のアンソロジー！

品切れの際はご容赦ください

わたしは驢馬に乗って下着をうりにゆきたい　鴨居羊子

新聞記者から下着デザイナーへ。斬新で夢のある下着を世に送り出し、下着ブームを巻き起こした女性起業家の悲喜こもごも。（近代ナリコ）

遠い朝の本たち　須賀敦子

一人の少女が成長する過程で出会い、愛しんだ文学作品の数々を、記憶に深く残る人びとの想い出とともに描くエッセイ。（末盛千枝子）

神も仏もありませぬ　佐野洋子

還暦……もう人生おりたかった。でも春のきざしの蕗の薹に感動する自分がいる。意味なく生きても人は幸せなのだ。第3回小林秀雄賞受賞。（長嶋康郎）

私はそうは思わない　佐野洋子

佐野洋子は過激だ。ふつうの人が思うようには思わない。大胆で意表をついたまっすぐな発言をする。だから読後が気持ちいい。（群ようこ）

色を奏でる　志村ふくみ・文　井上隆雄・写真

色と糸と織――それぞれに思いを深めて織り続ける染織家にして人間国宝の著者の、エッセイと鮮かな写真が織りなす豊醇な世界。オールカラー。

老いの楽しみ　沢村貞子

八十歳を過ぎ、女優引退を決めた著者が、日々の思いを綴る。齢にさからわず、「なみ」に、気楽に、と過ごす時間に楽しみを見出す。（山崎洋子）

おいしいおはなし　高峰秀子編

向田邦子、幸田文、山田風太郎……著名人23人の美味な思い出。文学や芸術にも造詣が深かった往年の大女優・高峰秀子が厳選した珠玉のアンソロジー。

パンツの面目ふんどしの沽券　米原万里

キリストの下着はパンツか腰巻か？　幼い日にめばえた疑問を手がかりに、人類史上の謎に挑んだ、抱腹絶倒&禁断のエッセイ。（井上章一）

新版 いっぱしの女　氷室冴子

時を経てなお生きる言葉のひとつひとつが、呼吸を楽にしてくれる――。大人気小説家・氷室冴子の名作エッセイ、待望の復刊！（町田そのこ）

真似のできない女たち　山崎まどか

彼女たちの真似はできない、しかし決して「他人」でもない。シンガー、作家、デザイナー、女優……唯一無二で炎のような女性たちの人生を追う。

品切れの際はご容赦ください

体癖 野口晴哉
整体の基礎的な体の見方、「体癖」とは？ 人間の体をその構造や感受性の方向によって、12種類に分ける。それぞれの個性を活かす方法とは？（加藤尚宏）

風邪の効用 野口晴哉
風邪は自然の健康法である。風邪をうまく経過すれば体の偏りを修復できる。風邪を通して人間の心と体を見つめた、著者代表作。（伊藤桂一）

回想の野口晴哉 野口昭子
〝野口整体〟の創始者・野口晴哉の妻が、晴哉の幼少期から晩年までを描いた伝記エッセイ。「気」の力に目覚め、整体の技を大成、伝授するまで。

整体から見る気と身体 片山洋次郎
「整体」は体の歪みの矯正ではなく、歪みを活かしてのびのびした体にする。老いや病はプラスにもなる。滔々と流れる生命観。よしもとばなな氏絶賛！

日々の整体 決定版 片山洋次郎
朝・昼・晩、自分でできる整体の決定版。呼吸と簡単なメソッドで、ストレスや疲労から心身を解放する。イラスト満載。（小川美潮）

自分にやさしくする整体 片山洋次郎
こんなに簡単に自分で整体できるとは！ 「脱ストレッチ」など著者独自の方法も。肩こり、腰痛など症状別チャート付。（甲田益也子）

大和なでしこ整体読本 三枝誠
体が変われば、心も変わる。「野口整体」「養神館合気道」などをベースに多くの身体を観てきた著者が、簡単に行える効果抜群の健康法を解説。

東洋医学セルフケア 365日 長谷川淨潤
風邪、肩凝り、腹痛など体の不調を自分でケアできる方法満載。整体、ヨガ、自然療法等に基づく呼吸法、運動等で心身が変わる。索引付。必携！

身体能力を高める「和の所作」 安田登
なぜ能楽師は80歳になっても颯爽と舞うことができるのか？ 「すり足」「新聞パンチ」等のワークで大腰筋を鍛え集中力をつける。（内田樹）

わたしが輝くオージャスの秘密 服部みれい 蓮村誠監修
インドの健康法アーユルヴェーダでオージャスとは生命エネルギーのこと。オージャスを増やして元気で魅力的な自分になろう。モテる！ 願いが叶う！

あたらしい自分になる本 増補版　服部みれい

著者の代表作。心と体が生まれ変わる知恵の数々。文庫化にあたり新たな知恵を追加。冷えとり、アーユルヴェーダ、ホ・オポノポノetc.（辛酸なめ子）

わたしの中の自然に目覚めて生きるのです 増補版　服部みれい

生き方の岐路に立ったら。毎日の悩みにも。自分の中の「自然」が答えてくれる。心身にも、人間関係にも役立つ。推薦文＝北山耕平、吉本ばなな

自由な自分になる本 増補版　服部みれい

呼吸法、食べもの、冷えとり、数秘術、前世療法などで、からだもこころも魂も自由になる。文庫化にあたり一章分書き下ろしを追加。（川島小鳥）

酒のさかな　高橋みどり

ささっと切ったり合わせたり、気のきいた器にちょっと盛ればでき上がり。ついつい酒が進む、名店「にぼし」店主・船田さんの無敵の肴98品を紹介。

くいしんぼう　高橋みどり

高望みはしない。ゆでた野菜を盛るくらい。でもごはんはちゃんと炊く。料理する、食べる、それを繰り返す、読んでおいしい生活の基本。（高山なおみ）

大好きな野菜 大好きな料理　有元葉子

この野菜ならこの料理！ 29の野菜について、味の方向や調理法を変えたベストな料理を3つずつご紹介。あなたの野菜生活が豊かに変わります。

母のレシピノートから　伊藤まさこ

ロールキャベツやゆで卵入りのコロッケ……家族のために作られた懐かしい味の記憶とレシピ。文庫化にあたり、さらに新たな味わいを大幅加筆。

北京の台所、東京の台所　ウー・ウェン

料理研究家になるまでの半生、文化大革命などの出来事、北京の人々の暮らしの知恵、日中の料理について描く。北京家庭料理レシピ付。（木村衣有子）

ひきこもりグルメ紀行　カレー沢薫

博多通りもんが恋しくて——。家から一歩も出たくない漫画家が「おとりよせ」を駆使してご当地グルメを味わい尽くす〝ぐうたら系〟食コラム。

味見したい本　木村衣有子

読むだけで目の前に料理や酒が現れるかのような食の本についてのエッセイ。古川緑波や武田百合子の食卓。居酒屋やコーヒーの本も。帯文＝高野秀行

ちくま文庫

亜土のおしゃれ料理

二〇二三年十月十日　第一刷発行

著　者　水森亜土（みずもり・あど）
発行者　喜入冬子
発行所　株式会社　筑摩書房
東京都台東区蔵前二―五―三　〒一一一―八七五五
電話番号　〇三―五六八七―二六〇一（代表）
装幀者　安野光雅
印刷所　三松堂印刷株式会社
製本所　三松堂印刷株式会社

ISBN978-4-480-43902-4　C0195